침묵의 난간에 서서

# 침묵의 난간에 서서

정 다 정 시집

● 자서

누적된 피로가 풀리고 영감이 떠오른다
밀렸던 사연들이 고개를 들고
잊혀진 기억이 깃발을 든다
새로운 소생이 얼굴을 내밀고
끊임없는 노력에 용기가 솟고 힘이 넘쳐흐른다
달리자 지는 해를 뒤로하고 뜨는 해를 향해
끊임없이 뛰자 너나 할 것 없이
우리 모두는 시작의 대상이다 허덕이지 말고
한눈팔지 말고 늘 희망의 기로에 서서
실행의 대상이 되자

2024. 12. 20

정 다 정

## 제1부
# 이정표

● 자서

기다리는 봄의 매력 __ 13

만병통치약 __ 14

이정표 __ 16

미생물들은 어디로 갔나 __ 18

미소 __ 20

마음의 평화를 기원해 본다 __ 21

그리움 __ 22

모두가 공감하는 활짝 핀 꽃처럼 __ 24

고독을 즐기는 고독한 밤에 __ 25

눈물겹도록 아쉬운 밤하늘 __ 26

내 생 최고의 견학 놀이 __ 27

누적된 피로 __ 28

확실한 답변을 확인해 본다 __ 29

활활 넘치는 넓은 들판 __ 30

비어 있는 마음의 공간 __ 32

## 제2부
# 무한이 유한이 될 때까지

슬픔을 묻어놓고 __ 35

원형질의 물질에 풍기는 꽃 __ 36

무게를 이기는 가장 가벼운 방법 __ 38

갈색 구두를 신고 __ 39

갈수록 짙어지는 요지경 __ 40

양털 구름 피어오르는 달밤 __ 42

무한이 유한이 될 때 까지 __ 44

꽃처럼 환하게 웃자 __ 46

꿈의 날개 접고 __ 47

흐느낌의 길목에 서서 __ 48

나는 오늘도 사죄하며 살아가네 __ 50

계좌 없는 삶 __ 52

내면 풍경이 쏟아지는 달밤 __ 54

회오리치는 바람 끝의 기억 __ 56

제3부

# 침묵의 난간에 서서

침묵의 난간에 서서 _ 59

한없이 밀려오는 꿈의 공간 _ 60

봄나들이 가는 날 _ 61

다시 한번 생각해 본다 _ 62

쉴 틈 없는 오기들의 질투 _ 64

늙은 마부들의 집념 _ 66

시는 내 마음의 결정체 _ 67

외로움을 접착제로 바르고 _ 68

구름에 달 가듯이 가는 나그네 _ 70

아름다운 세상 _ 72

힘찬 결과물 _ 73

인간은 추억을 먹고 산다 _ 74

소곤소곤 속삭이는 바람 소리 _ 76

낙관적인 기로에 서서 _ 78

온 우주가 쥐 죽은 듯 조용하다 _ 80

## 제4부
# 평화로운 계곡의 물소리

기피할 수 없는 고독감 _ 83

평화로운 계곡의 물소리 _ 84

남모를 설움에 젖어 _ 86

천마산 기슭 단풍놀이 _ 88

상처 없는 내일을 기약하며 _ 90

뜬구름 삼키며 토해내며 _ 91

지혜가 교양프로가 될 때까지 _ 92

형상화의 물결은 사라지고 _ 94

위로의 미소를 던진다 _ 96

산업화의 갈등 _ 97

사연을 마음에 새겨 _ 98

고요한 품질의 나무들 _ 99

꿈속에서 길을 잃었다 _ 100

혼자만의 세계를 벗어날 수 없어 _ 102

그 옆을 나는 떠날 수가 없다 _ 104

## 제5부
# 삶의 품질을 바닥에 깔고

별빛처럼 달빛처럼 _ 107

두 손 모아 응원한다 _ 108

기회를 꼭 붙잡고 _ 110

흐르는 강물처럼 낯익은 풍경 _ 112

삶의 품질을 바닥에 깔고 _ 114

영원한 기쁨으로 삼고 싶다 _ 115

희망은 솟아오른다 _ 116

길게 늘어진 옛길을 걸어간다 _ 118

행복한 나날을 보내고 싶다 _ 120

내 공간을 만들자 _ 121

마음속의 꽃 _ 122

희망을 안고 달려가는 저 보랏빛 연인들 _ 123

가면극이 마음 편할 수는 없다 _ 124

마음의 공간에 힘을 불어 넣어 _ 126

이 세상 끝까지 영원하도록 _ 128

● 해설 득음의 깊이로 쌓아 올린 서정의 집 한 채 / 정유지 _ 130

제1부

# 이정표

# 기다리는 봄의 매력

희망이 꽃 피는 시절
나는 숨길 수 없는 진리의 한 토막에 물들고 말았다
갈 때까지는 가는 거다
멈출 수 없는 희망찬 날에 돌이킬 수 없는
꽃그늘 아래서 숨 쉴 수 있는 자유가 좋다
알뜰살뜰 모닥불처럼 피어오르는 희망을 안고
덕정역을 지날 때 나에게 안겨준 광채 한 아름
구김살 없이 펴서 세상 어두운 곳에 진열해 놓으면
많은 사람들이 호응해서 기쁨의 장이 될 것이다
어둡고 슬픈 일이 속을 내보여 안에 든 얼룩을 다 안다
하더라도 나는 나대로의 고달픈 육체는 가지고 있다
거역할 수 없는 이 길을 구태여 걷는 이유는 무얼까
뭇사람들의 마음속에 내재된 내용은 무엇일까
아는 사람은 알지라도 숨겨진 사연 속에 궁핍한
내면의 세계를 아는 사람은 없다 혹시 있더라도
그것은 허구다
허구 속에 빠져 헤어나지 못할 때 궁색한 내면을
보여줄 수 없어 모닥불 피워놓고 시름에 젖을 때
잠시 비춰주는 감각과 감성 한 아름 안고 도망치듯 나와
대로를 걸어 본다 발끝마다 외로움이 줄을 서서 나를 따른다
쭉쭉 뻗은 나뭇가지마다 주렁주렁 매달린 고독감
나는 어쩔 수 없이 뿌리치고 도망치듯 나와 보니
벌써 봄은 나를 기다리고 있었다

# 만병통치약

길들여진 친구처럼 다정한
이웃들의 집합소 어느 마을에 피다 만 꽃들이
있어서 편안한 하루가 있었다
거짓말같이 소복이 고인 웃음들이 늘 지상에 쌓여있어
사람들의 얼굴은 항상 행복했다
어느 날 느닷없는 침묵이 골고루 습득된 관습들이
좋은 습관을 길러 화목한 마을 공간을 메웠다
그렇게 질서정연한 인연들이 서로 공감하여 사회질서가
안정이 되고 피고 싶어도 피지 못하는 인연들이 있어
서로 협력하고 협조하여 화목의 장을 이뤘다
갈대꽃들이 만발한 들녘에 새들이 모여들고
질서정연한 푸른 풀들은 살가운 새들에게
가슴을 열고 안겨보라고 한다
이렇듯 자연들의 화목은 우주를 열고 기초적 터전을
마련하는데 한쪽에서는 계곡물을 풀어 자연의 기품을
자랑하고 있다
돕고 돕는 우호 관계가 어우러진 자연 공간에서
인간의 꿈은 무한한데 사소한 일에 몰두할 수 없어
꼬박꼬박 밤을 새워가며 인간 본연의 자세로 되돌아간다
가야 할 길이 많다 어느 길을 선택하든 올바른 길에
치중하다 보면 벌써 내 앞에 서 있다
이 화려한 길을 마다하고 다른 길로 갈 수는 없다

어느 길을 택하든 언제나 올바른 길은 정해져 있다
이 길은 순수하고 행복한 길이다
뜻만 있으면 이루어지는 만병통치약이다

# 이정표

휘날리는 낙엽 속에 흐르는 물결 속에
속절없이 굴러가는 내 이정표들
일정한 곳에 자리 잡고 누워서
하늘을 쳐다보니 뜬구름 나그네 되어
정처 없이 흐른다

내 실속 없는 하루의 일과가
이정표 없는 뜬구름처럼 나부끼다
흩어지고 가냘픈 여인의
숨소리가 들리는듯하더니 가라앉고
속절없는 나루터에서 누구를 기다리다
사라지는 바람 소리 귓전에 달고
달린다 종점에 이를 때까지

갈대가 나부끼는 넓은 들판에
서서 손을 휘젓는 저 갈대꽃들은
누구를 기다리는 그리운 마음인가
보살핌도 없이 홀로 떠돌아다니는
저 외기러기는 얼마나 아픔이 컸기에
망망대해를 홀로 나는가

끝은 어디쯤인가 도망가는 객들의 발걸음이
늦어질 때마다 몰아치는 바람 소리
소나무 숲에 바람 소리 멈추고
새소리마저 숨죽이며 잦아드는데
객의 발걸음은 한결 가볍다

# 미생물들은 어디로 갔나

풍경의 절박함을 느껴보지 않는 것은 아니다
가파른 언덕을 오를 때마다 무겁다는 느낌을
받기 때문이다
하얗게 피어오르는 저 뭉게구름도 할 일 없이
피어오르지는 않는다 무엇인가 느끼는 점이 있기 때문에
염치 불고하고 허리를 동강내 피어오르는 것이다
힘들다고 안 오를 수는 없는 일 체면 불고하고
오르다가 비를 만나면 흔적 없이 비의 내면에 흡수돼
자취를 감추고 쏟아지는 빗물에 몸을 섞어 땅을 적신다
시원하게 쏟아지는 땅의 훈김에 입술을 적시다 보면
몸은 흔적이 없고 빈 껍질만 풀잎에 붙어 반짝거린다
과연 반짝거림이 지속될 수 있을까
의문투성이의 물질만 남긴 채 땅속으로 스며들면
헤어날 수 없는 깊은 수렁에 빠지고 만다
내가 가는 길은 졸졸 흐르는 계곡 물소리
하얗게 타오르는 별빛도 달빛도 몸속에 숨긴 채
알 수 없는 길로 빠져들고 나는 헤어날 수 없는
강물과 합세하여 넓고 깊은 바다로 유입하게 된다
강 밑에 모여 사는 모든 피조물들의 흔적은 어디로 갔나
오늘따라 이렇게 깨끗이 안 보이다니
내가 싫어서 도망을 쳤나 세상이 구차해서 흔적을 감췄나

미생물도 생명인 것을 너무 가볍게 여겨왔다
갈 데까지 가더라도 반성해야 한다
끝까지 참고 견디면서 이해의 촉수를 넓혀야 한다

# 미소

꿈결 속을 헤매는 거북이처럼
느린 걸음으로 다가와
나에게 미소 짓는 너를 보고 나는 흠뻑 빠졌다
그렇게 알뜰살뜰 살아온 세상살이가 믿어지지 않아
한 가닥 품은 소망을 끄집어내 펼쳐 보니
그 안에 다양한 미소들이 웃음 짓고 있었다
향기로운 꿈의 숨결, 거역할 수 없어 보듬어보니
그 안에 풍만한 추억이 들어 있어
나는 버릴 수가 없었다
곱게 접어 품에 안고 바닷가를 거닐어보니
마음이 이렇게 따뜻할 수가
깡충깡충 뛰는 신기루처럼 이토록 즐거울 수가 없다
화가 나면 내쫓고 기쁘면 품어주는 이 시대의 열광처럼
싹싹한 환경들이 누적된 구름처럼 몰려오는 시대적
질주가 아쉽기만 한 상황 앞에서 두 무릎을 쭉 뻗고
활짝 웃어본다 활활 타오르는 태양열처럼
온몸이 눈부셔 눈길을 돌릴 수가 없는데
마침 지나가던 바람이 속도를 낮춰 나를 안아 준다
내 몸은 활활 타오르고 있다
기쁨의 장이 문을 열어 내 안식처에 점을 찍고
나는 기울어지지 않는 반듯한 자세로
오늘의 이 기쁨을 만끽해 본다

# 마음의 평화를 기원해 본다

마지막 풀장 같은 고독감
이것을 이기기 위해 나는 오늘도 뛴다
풀벌레들이 득실거리는 숲속에서
나 혼자 살겠다고 발 굴리는 모습이 서러워
어느 누구도 맡길 수 없는 길을 가는 것이다
황당한 몸맵시가 부끄러워 누구도 범할 수 없는
일들이 누적된 고향 산책의 얄팍한 이야깃거리를
풀어놓고 꽃피는 계절을 찾아 정신없이 허덕인다
허덕일 대로 허덕이다 보면 뒷모습이 부끄러워
얼굴을 들 수가 없어 말없이 쳐다만 보던
그는 양팔을 벌려 하늘을 끌어안는다
구김살 없이 펼쳐질 다음 이야기를 예감하고 있는데
갑자기 휘파람 소리가 들려 눈을 꼭 감고
귀 기울여본다 예상 못 했던 일이 벌어지고 있어
놀란 가슴 진정시키고 마음을 안정시켜
알뜰살뜰 가꾸어 온 마음의 평화를 기원해 본다

# 그리움

고물 같은 그리움을 안은 상자
내 안에 들어와 자리를 튼다
그리움이 싫다면 내쫓아 버리겠지만
그래도 안정된 곳에서 숨 쉴 수 있는 자리를
마련한다는 것은 서글픈 일이 아니다
어느 날 내게 들어온 그리움이 말했다
이제 이 자리에 머리를 틀고 들어앉아도 괜찮겠지요
허구한 날 빈 공간만 찾다가
안정된 곳에 자리를 잡으니 고마운 일이다
그런데 어쩌나 내 마음이 불편해
오래 더 머물 수가 없을 것 같은데
실례지만 잠깐만 비켜줄 수 없나
사정해 보지만 움직일 기세가 없다

그리움은 내가 질린 결과물이다
그리움에 지쳐 외롭고 쓸쓸할 때
나를 위로해 주는 사람은 없고 멀리서 그리움만
가물거리며 멀어져가는
안타까운 심정만 쌓여가는
그 고독한 나날이 빗물처럼 밀려오는 이 순환 길에
다리를 놓아주는 골목을 벗어나 대로에 접어들었다
큰길 한가운데 우뚝 솟은 승리 탑은

누구의 가슴을 움켜쥐는 고독한 탑인가
한 걸음 한 걸음 다가가 우러러보지만
누구의 탑인지 알 수 없고
내 가슴만 슬픔에 젖은 눈물이다
이 자리에 우뚝 서서 등대가 되고 싶다

## 모두가 공감하는 활짝 핀 꽃처럼

꿈의 협곡을 헤매다 돌아와 보니
책꽂이에 꽂혀 있는 과거의 추억들이
내 눈을 촉촉이 적신다
근심 걱정 없이 꽂혀 있는 너의 모습이 어느새
내 안에 들어와 자리 잡고 앉아 있어
꼭 내가 그리던 스승 같다
스승의 말씀은 황금알 같은 진리를 품고 있는
따뜻한 고향의 정, 알고 싶어도 알지 못하는
아련한 추억담처럼 내 가슴에 와닿는다
사양할 수 없는 귀중한 보배처럼 고개 까닥거리며
순응하는 처지이기에 이 자리에 서서 묵념을 올린다
간절한 묵념이 진실한 방법이기에 버릴 수 없는 오늘의
기념탑이 되고 잊을 수 없는 내 마음의 안식처가 된다
이 형편에 가릴 것이 있는가 있다면 오늘 이 자리에
무거운 마음 내려놓고 솔직하게 정담이나 나눠보자
가릴 것 가리고 숨길 것 숨기면 백지장처럼 흰 공간만
보일 텐데 어려울 것 무엇 있나 솔직하게 고백하자
우리 서로 어려움 내던지고 진심을 말해보자
이 어려운 세상에 진실 없는 삶이 어디 있는가
구김살 같이 구겨진 삶의 한복판에 아름다운 수를 놓아
모두가 공감하는 활짝 핀 꽃처럼 웃어보자

# 고독을 즐기는 고독한 밤에

내 주어진 목적이 밝혀지는 날
달빛은 유난히 밝아 주위를 환하게 밝혔다
어쩌다 공간이 생기면 달빛처럼 밝은 낮달에
치우쳐 하염없이 눈물만 흘렀다
고독한 사람끼리 고독을 즐기는 고독한 밤에
어렵사리 잡아 든 피사체 한 토막 가슴에 안고
울부짖던 그 시절 눈시울이 붉어져 울 수도 없는
처지에 놓여 하소연도 못 하고 기억만 떠올라
이리저리 머리 흔드는 아득한 밤에
길을 물어오는 바람 소리 곁에 두고 헛생각만 하는
내 자신이 처량하여 오던 길 되돌아가지만
발길은 자꾸만 미끄러지고 가벼운 발자국만 소리 없이
흔적을 남긴다 앞에 보인 전봇대가 자꾸만 흔들리는데
중심을 잡지 못하고 곤두박질치는 몸통 기댈 곳 없어
허공만 휘젓는다 발부리에 붙은 잔잔한 미소도
하염없이 고개만 끄덕거리는데 주저앉을 수도 없는
이 거리에서 심장을 움켜쥐고 오열을 해보지만
어느 발길 하나 관심을 두지 않는다
숨 가쁜 희열을 가슴에 품고 나는 나대로의 기쁨을
느껴 보지만 보잘것없는 하나의 임기응변에
불과해 스스로 즐거움을 느끼며 오늘의
이 자리가 내 생애의 최고라 생각하고 마음을
다스려 만족의 틀에 갇히고 만다

# 눈물겹도록 아쉬운 밤하늘

눈물겹도록 아쉬운 밤하늘
나는 그리움에 지쳐 쓰러지고 만다
어느 하늘 아래 낯모르고 나대는
무질서한 광경을 볼 수 있는가
눈을 지그시 감고 반성하는 모습이 여전하건만
뉘우칠 기색은 없다
행여 불 켜진 방에 눈물자국 흩어질까 봐
노심초사하는 객의 발걸음은 무겁다
옮길 수 없는 발걸음이 무겁도록 꽃은 피어 만발한데
내게 올 손님은 없고 기러기 떼만 무리 지어
하늘가를 맴돌고 있다

피어라 붉게 피어라 달갑도록 안타까운 것들은
피어서 밥상처럼 차려놓고 그리운 것들은 모여서
언제 필지 모르는 세상사가 흐트러지지 않게
공을 세워 우뚝 솟은 건축물처럼 빛을 발할 수 있게
떠오르는 광경을 눈여겨 볼 수 있다면
오늘도 즐거운 하루가 지속될 것이다
시름에 못 이겨 허물어져 버린 마음의 건축물이
상처를 받고 주춤거리고 있을 때 힘겹게 달려드는
희망 줄에 매달려 오늘도 하루를 지탱해 나간다
버팀목이 되어 저 나부끼는 갈대들의 춤사위를 끼어드는
바람의 넓은 도량이 마음 한가득 풀어져
세상에 펼쳐진다

# 내 생 최고의 견학 놀이

모닥불처럼 피어오르는 꿈의 질량
하염없이 맨몸으로 바라보는 저 태양은
얼마나 많은 열을 간직하였기에
온 세상을 밝히고도 남아 주체 못하고 몸부림치는가
길 따라가는 것도 정당한 방법인데
오히려 역행하는 달빛의 광채는
세계를 밝히고도 남아 내 조그마한
손가락 끝까지 밝혀 힘겨운 씨름에 몰두하게 하는가
갈길 몰라 허덕이는 수많은 발끝에서
발휘하는 불만의 화풀이를 꼼꼼히 받아주는
인연들이 있어 세상은 아직 당당하다
구김살 펴서 햇볕에 나열해 놓고 나면
마음이 이렇게 편한 것을 지금까지 그것도 모르고
긍긍 애타던 시절이 추억처럼 떠오른다
피할 길 없어 도망가던 그때 그 시절 행복을 몰라
분주한 나날을 보내던 그때 그 시절 달맞이꽃처럼
피어오르는 환한 웃음이 깃발처럼 나부끼던 그때
그 시절 하염없이 바라만 보던 그때 그 시절
달갑게 맞이하는 그때가 있어 행복했던 그 시절이
떠오른다 시작은 끝이라 했던가 쉽게 다가오는 달무리
주위를 살펴보면 주위는 잔잔하게 아름다워
내 생 최고의 견학 놀이라 생각한다

# 누적된 피로

누적된 피로의 흐름을 터주는 저 강물
한아름 꽃 피는 시절은 있었다
그 시절 그리워 되새김질하는데
어디서 소음에 시달린 낙엽 한 송이 피곤에 지친 듯
눈물 흘리며 강물에 떨어진다
피곤에 지친 몸 부여안고 갈 데까지 가는 거다
하염없는 강물의 여운이 남긴 말, 나는 가기 싫어도 간다
우주 만물의 영장을 위해 자연의 순활한 소통을 위해
내 안일과 평온을 버리고 참아 희생의 길을 가는 것이다

붉게 타오르는 저 불꽃을 향하여 누적된 피로를 풀기 위해
희생의 나열에 서서 끝 간데없는 역사의 흐름에 따라
갈 때 가고 올 때 오는 나는 현명한가
속심을 버리고 우주의 공간에 서서 좌우 흔들리지 않는
튼실한 몸으로 방향을 잡는 나는 올바른가
주위에 모여든 풀벌레 소리 요란한데 팔짱 끼고 걸어가는
사람들 목소리가 정겹다
피고 싶어도 피지 못하고 웃고 싶어도 웃지 못하는 오늘날
모든 생명체의 가냘픈 목소리가 들리는 것 같다

# 확실한 답변을 확인해 본다

떠오르는 별빛과 같고
무한한 광야를 누비는 달빛과 같다
오죽하면 내 앞을 비추는 태양과 같이
온 우주의 광활한 벌판을 누비는 형이상학적
존재에 감사할 따름이다
있고 없는 것 문제가 아니다 존재가치가 나에게
어떤 영향을 미치는가가 중요하다
거리낌 없는 저 짙푸른 형태를 말없이 바라보는
많은 눈빛이 형광등처럼 밝아 기쁘게 쳐다보는
사람들의 눈빛은 밝다
떠날 때 떠나는 것이 사람의 도리인 것을
사실대로 실천 못 하는 막대한 거리감을 품에 안고
부담감을 느끼는 나는 정당한가
구김살 없던 시절은 흔적이 없고
잔재만 남아 발길을 멈추게 하는데
지금까지 이끌어 왔던 여망의 물결은
어디로 갔는가
확실한 답변을 확인해 본다
옳고 그름은 시간이 결정하는 것
자연에 예속된 모든 자연인들은
순간의 기쁨을 포착하지 못하고
오늘도 흐느끼며 하루를 보낸다

# 활활 넘치는 넓은 들판

지지리 감성 되지 않는 감성을 품고
오늘도 걷는다 올라오라는 기별도 없는데
무작정 길 따라 걷다 보면
뽀얀 안개 사이로 떠오르는 물체가
내 안에 들어와 자리를 잡는다
버릴 수도 맞이할 수도 없는 이 삭막한 길에
보름달처럼 떠오르는 달빛이 있어
내 안을 환히 밝힌다
건강한 몸으로 살아가는 이 세상이 얼마나 고마운가
돌이킬 수 없는 한 귀퉁이에 머물고 서서
오락가락 가물거리는 눈앞의 물체가 밝혀질 때까지
뚜렷이 쳐다보지만 결국 알 수 없는 미궁에 빠져
정신만 혼란해진다
기억할 수 없는 것은 버리고 기억할 수 있는 것만 기억하자
스스로 다짐하는 마음 한구석에 서운함이 가라앉아
안절부절못하는 내 마음을 다스려 밖으로 나온다
쉼 없이 달려가 보자 달리는 발자국마다 빛을 발하고
뚜렷한 목적은 없지만 그래도 서운한 면은 면했다
우리 힘내자 합심하여 돌진하자 끝까지 전력투구 하자
너 아니면 나이고 나 아니면 너인데
보람이 쌓이고 쌓여 산을 이루고 강을 이뤄 철철 흐르는
물줄기가 넘실대고 살기 좋은 우리 마을 골목길은 항상

기운이 넘쳐흐른다 행복한 웃음 속에
박수갈채가 쏟아지고 우리들의 어깨동무에
활활 넘치는 넓은 들판이 펼쳐진다

# 비어 있는 마음의 공간

마음의 공간이 비어 있어
이 공간을 채우는 노력이 필요하다
어떻게 해야 공간을 채울까
꿈의 모양 다양하지만 어떤 길이
환할까 의문이 생긴다
너와 내가 함께 할 수 있는 다양한 공간이 없을까
행여 내 마음 궁금할세라 앞당겨 채워보지만
뚜렷한 묘안이 나오지 않는다
궁색한 내면의 세계, 호젓한 공간에 밝은 빛 비춰보지만
뚜렷한 대책이 없다 떠오르지 않는다
행여 다칠세라 조심해 보지만
궁금증은 더 짙어가고 묘안이 비칠까 대로를 걸어보지만
의문점만 더해간다
갈 수 없는 나라 그곳에 가면 묘안이 생길까
한 걸음 한 걸음 낮은 걸음 걸어서 목적지를 향하지만
발걸음이 떨어지지 않아 오늘도 중단하고 만다
나에게 주어진 삶이 도망갈까 두려워
옆집 앞집 두들겨 보지만 인기척은 없고
소용돌이치는 내 마음만 정지된 상태에서
캄캄 대로를 걷고 있다
사필귀정 나에게 핑크색 공간이 오겠지
스스로 위안하며 지푸라기 하나라도 잡고 싶어
뜬구름 찾아 나선다

# 제2부
# 무한이 유한이 될 때까지

# 슬픔을 묻어놓고

꿈속 같은 달빛 같은 아련한 추억에 잠겨
아리송한 마음의 속사정을 풀다 보면
네모 모양의 사각에 갇히고 만다
내 뜻을 이해 못하더라도 내가 책임질 의무는 없다
책가방처럼 무거운 무게를 짊어지고 걷다 보면
어느 한 곳이 비어 있는 기분이 들어 다양한 봄소식을
전할 수 없어 나는 무게감을 느낀다
아랑곳할 수 없어 이리저리 회피해 보지만
끈질긴 질주는 나를 무너뜨리고 만다
기억할 수 없으면 버려라 알뜰살뜰 모아 놓아 봤자
결국은 버려지는 것 지금부터 금지곡이다
아무리 슬픈 사연이지만 감명을 받지 못하면
도루묵이 되는 것 신나게 날뛰어봤자 희미해지는
끝자락에 와서는 넋 나간 사람처럼 멍해지는 법
걷잡을 수 없는 치맛자락에 휘말려 한쪽으로 쏠리다 보면
허전한 마음의 한복판에 나 홀로 서 있다
외로워도 가야 한다 묵묵히 가다 보면 막힌 공간이
뚫리고 안 보였던 길이 보인다 이 환한 길을 나 혼자 갈 수
없어 기웃거려보지만 동참할 사람은 없다 이유들이 없다
슬픔을 묻어 놓고 걸어본다 환한 동이 트기 시작한다
이제 참된 모습이 보인다 누구나 공감할 수 있는 진실한 모습
피어오르는 달빛처럼 별빛처럼 공감대를 형성할 수 있는
참신한 모습 그 모습 보고 싶어 오늘도 달려간다

# 원형질의 물질에 풍기는 꽃

원형질의 물질에 풍기는 꽃
꽃향기 향긋한 언덕에 서서
피어나는 만상을 감상하다 보면
내 자신에게 묻는다 너는 어떤 느낌이냐고
갈길 몰라 허덕이는 길거리 노숙자들
달려가 안아보고 싶지만 끝끝내 실천하지
못하고 멍하니 먼 산만 쳐다본다
하물며 나에게 다가오는 물체
너는 누구냐 되묻지만 대답이 없다
기어코 고집부리면 너 나갈래
위험도 해 보지만 남는 것 하나 없다
허상일까 진실일까 묻고 되묻고 하는 너는 또 누구냐
기울어져 가는 집안을 일으켜 세우기 위해
밤낮으로 수고하는 우리 아빠 주체들
머뭇거리고 있는 동안 육체의 이동은
벌써 하늘을 날고 있다
갈 때까지 가보자 끝 간데없는 두서없는 주체들
하염없이 비극에 휩싸여 눈물만 줄줄 흐르는
가냘픈 숨소리들은 어느 하늘에 매달려
한 줌 흙으로 떨어지는가
할 수 없이 버리고 가야만 하는 세상 이치에
불복종의 죄를 범하고 반성의 문턱을 넘을 때

자지러지게 아우성쳐 눈을 떠 보니
바로 내 옆에 그가 있다
반가우면서도 서러운 사연의 눈물자국에
한숨 돌리고 서둘러 주위를 살펴보니
햇살이 반갑게 안아주고 있다
이래서 세상은 살만하다는 것을 알았다.

# 무게를 이기는 가장 가벼운 방법

피고 싶어도 피지 못하는 인간사가
서글퍼 주섬주섬 걷어붙이고 밖으로 나와 본다
환하게 트인 공간이 마음에 들어 피지 못하는 사연을
품은 채 활개 펴 품어본다
거리낌 없는 공간들이 우주의 속삭임을 만들어
품에 안겨준다 허전한 공간이 가득 차면서
풍부한 만족감을 느낀다
필 수 없으면 품어라 가득가득 싣고 걸어라
걷는 걸음마다 무게감을 느껴 걸을 수 없을 때 버려라
끙끙거리며 무거운 짐 던져버리고 가벼운 마음으로
걸어라 무게를 이기는 가장 가벼운 방법 중 하나다
꿈틀거리는 지렁이도 기회를 봐서 움직이는 것
오늘같이 즐거운 날, 웃음을 던져 하늘을 보자
웃음은 만복의 근원, 갈고닦은 노력이 성취되는 날
꿈결처럼 물결처럼 만물이 출렁이는 날
하염없이 쳐다보는 저 달빛 별빛 가득 싣고 달려가는
역마차 나도 달린다 하염없이 달린다
유년의 웃음이 폭발하고 가냘픈 숨소리가 들리고
만물의 영장이 용솟음쳐도 우리는 그칠 줄 모르고 달린다
보름달이 중천에 떠서 네 활개 벌리고 달려도
우리는 달린다 끝까지 달린다

# 갈색 구두를 신고

갈색 구두를 신고 내게로 달려오는 환상의 뿌리
나는 감당할 수 없어 살짝 몸을 비틀었다
하얀 구름과 대비를 이루는 이 언덕길에
걷잡을 수 없는 황당한 일이 벌어지고 있다
교감할 수 없는 뿌리의 근육 나는 뿌리칠 수 없어
메마른 삶을 사는데 느닷없는 풀피리 소리에
신경이 곤두세워 많은 시간을 허비하고 있었다
그렇게 알뜰한 삶들이 나몰라 라고 팽개쳐 버리고
도망치듯 날아가는 꼴이 보기 싫어 억지 하품을 하며
머뭇거리고 있는데 느닷없는 새소리가 들려
나는 황당함에 물들고 있었다

가을빛이 이렇게 신선한 줄 몰랐다
스쳐 가는 불빛에 정신을 팔고 있는데
슬피 우는 귀뚜라미 소리가 메마른 내 감성을 돋군다
이런 구슬픈 소리들이 깊숙이 파고드는 마음 한
복판에 나도 모르게 날뛰는 기쁨들이 있어
오늘 하루의 목적 달성은 이루어졌다
맑게 타오르는 모습이 눈앞에 훤하다
알뜰살뜰 품어온 사연들이 모여서 하나의 이야기가 되고
지금까지 품어온 슬픔들이 강렬한 태양에 눈 부셔
자리를 잡지 못하고 들떠 우왕좌왕 허덕이는데
내 눈은 한 치 더 밝아 빛바랜 추억이 된다

# 갈수록 짙어지는 요지경

감각에 지친 꿈을 버리지 못하고
황홀한 햇살이 비치는 끝자락에 서서
황홀경에 빠져 본다
쉴 틈 없이 허덕이던 그때는 어디로 가고
이제 좀 격렬한 상태를 벗어나 꿈틀대는
요지경에 침묵해 볼까 생각했더니
느닷없는 색다른 요술 같은 경지에 빠져서
오늘은 도저히 헤어날 길이 없다

갈수록 짙어지는 요지경 속에서 빠져나올 수 없어
창피를 무릅쓰고 전력 질주해 본다
o 아니면 x겠지 둘 중 하나를 선택해도
따뜻한 기운을 느낄 수 없어 몸부림을 쳐본다
빠져나올 몸마저 핼쑥해져 지칠 대로 지친
상태의 몸 건강을 생각해 볼 때
너는 너대로 나는 나대로 각자가 각자를 다스리는
호흡기 곤란 상태에서 빠져나올 수밖에 없다

진실이 아무리 신선하다 해도 가볍게 넘어 가는
감기만은 못할 것이다
둥글게 떠가는 구름들의 모양새를 훑어보면
깨끗한 하늘에 뭉게뭉게 피어오르는 구름들의 자유가

부럽다 자유롭게 떠가는 가벼운 몸짓 전쟁 없는 평화로운
마을 저희들끼리의 유희 춤추는 꽃구름에 실려 두둥실
떠가는 구름이 좋아 유심히 바라보고 있는데
바람이 살짝 다가와 내 눈을 훔친다

# 양털 구름 피어오르는 달밤

양털 구름 피어오르는 달밤에
나란히 누워 별을 본다
꿈속에서 바람이 분다
낙엽 지는 날 귤껍질 까던 노인이
안개 가득한 들창문을 열고
날아오는 거북이 꿈에 취해본다
그렇게 아련한 기억들이 바위에 부딪쳐
산산이 흩어져 나비처럼 나부끼는데
깨어날 듯 깨어나지 않는 복화술사는
눈 감은 채 허공에 삿대질하고 있다
기억할 수 없는 것들을 한 곳에 모아두자
그것이 폭발하는 날 우주는 복잡하게 될 것이다
웃는다고 웃는 것이 아니고 비웃는다고 비웃는 것이
아니다 속절없이 가버린 그 추억 덩어리 환송하며
언제 오라는 날짜도 없이 이미 묻어버린 기억 속에서
나는 한밤 내 잠이 오지 않았다
슬픈 기억을 안고 멀리 떠난 그대여
어느 하늘에 구름 가듯 자연스럽게 만날 일이
생기더라도 나는 너를 안고 물 건너 산 넘어
반짝반짝 빛나는 따뜻한 고향 알뜰한 삶의
공간에 웃음꽃 피우리라 지난 화려한 날들을
되새김질해 보자 나는 너를 너는 나를

얼싸안고 춤이나 춰 보자
지금까지 살아온 인생살이가 아니냐
한세상 즐겁게 살다가 세상 끝에서 만나게 되면
모르는 사람처럼 외면이나 말자
생은 그렇고 그런 것 후회는 없다

# 무한이 유한이 될 때 까지

구체적 삶의 내력
거기에 진실이 있다 흘러가는 대로
살다 보면 만물의 거룩한 영장처럼
내 삶의 진실에 물들어진 또 하나의
진실을 만날 수 있다
이것이 최초의 내 삶의 발견인가
아니면 문명의 쓰라린 지혜 탓인가
슬픔이여 갈 데까지 가거라
가다가 어느 날 문득 불편한 다리를 이끌고
절뚝거리며 태풍 몰아칠 때
너와 나의 어깨를 무겁게 짓누르는
낯모르는 철새들, 철새 따라가고픈 길이 무한한데
꿈결처럼 피어나는 사리 꽃 한 다발
품에 안고 달린다 무한이 유한이 될 때까지

가슴에 피는 꽃도 꽃인 줄 알고
한 다발 담아 길가에 늘어놓았다
짓밟고 가는 나그네 설움처럼
조근조근 피어나는 웃음꽃처럼
한 아름 안고 비탈길 오르니 이제 비로소
알 것만 같다 만사형통의 나날들
그렇게 수줍어 떠는 너일망정 내 앞 가려주는

가로수가 되어 푸른 잎 나풀거리는 만사대통이다
거듭거듭 피어나는 천만번의 인생의 길
하염없이 길 잡고 늘어지는 노숙자의 길
그 길 아까워 오늘도 달린다
세상 끝까지

## 꽃처럼 환하게 웃자

과거에 물들지 말고 현실에 충실하자
지금까지 걸어왔던 역사가 구김살 없이
펼쳐진 지도위에 발자국처럼 찍힌
흔적을 감추기 위해 부지런히 걸어온 길이
무지개처럼 펼쳐진 지금 부끄럼 없는 생의
발자취가 되길 바랐다 산뜻한 옷을 갈아입고
활개 펴고 걸어가는 나그네의 앞날이 활활
타오르길 바라는 마음에서 오늘도 활발하게 걸어가는
모습을 문틈으로 바라본다 희망이 가득 찬 마음
한구석에 숯불처럼 타오르는 굵은 핏줄이 솟는다
달갑게 맞이하자 피어나는 꽃처럼 환하게 웃자
누구에게나 기쁜 마음을 전해주고 희망을 갖도록
위로해 주자 창창한 앞날 부푼 꿈을 가슴에
안고 환하게 걸어가는 뒷모습이 아름다워
길가에 서 있는 나뭇가지마다 부푼
꿈을 연상하며 활짝 웃어보자

# 꿈의 날개 접고

꿈의 날개 접고 일어나
나에게 오라
그 꿈 날개 펴고 하늘 높이 날아가
끝에 이르면 만사형통 되리라
갈 데까지 가는 것도 힘이지만
그 힘 이기지 못해 도중에 중단하면
아니 간만 못하리니
그 길 버리고 내게 다가와
끝 간데없는 힘으로 끝 간데없이
소신한다면 피는 꽃도 날개 돋아
만물을 좌우하리라
가다가 중단하면 아니 간만 못하리니
종점까지 도달해 무거운 짐 내려놓고
가벼운 마음으로 여기 앉아 쉬었다 가자
모든 인생사가 그러하듯이 안 갈 만큼 편할 텐데
힘겨움 내려놓고 꽃구경이나 하고 가자
꽃구경 갔다 오면 만물의 영장은 내 몸에서 소생하고
그리움은 다시 온 우주를 덮을 텐데
오늘 울 필요는 없다 즐겁게 한 곡조 읊고 나면
모든 만물이 소생하고 그 빛으로
우리의 앞날이 환해지면 뒷걸음치지 말고
앞장서 노래를 불러보자
방금 스치고 간 기막힌 사연들이
우리의 주위를 맴돌고 있다

# 흐느낌의 길목에 서서

흐느낌의 길목에 서서
너는 나를 알아보고 나는 너를 알아본다
알 수 없는 눈물고개, 줄넘기하듯 타고 올라가
나는 너를 너는 나를 경주하며 달린다
우리가 언젠가는 하나가 될 텐데
피고 지는 것도 때와 시기가 있는데
남모르는 슬픔도 우연한 기회도
느닷없이 달려드는 욕망까지
홀가분한 몸을 풀고 추억되는 대로 다중적 길목에 서서
머릿속이 흐트러져 걷잡을 수 없는 시련에 빠져
허덕이는 나는 어째서 너를 기억하지 못하나

잊을 것 다 잊고 먹을 것 다 먹었는데
그래도 여한이 남아 있어 부둥켜안고 몸부림치는가
잊을 것 잊자 투철하게 털고 일어나
저 광활한 벌판을 달려보자
몸부림치며 시대에 부대끼며 겉돌지 말고
알차게 한 번 살아보자
간절한 소망도 핏빛 같던 희망도 끈질긴 추적도
따돌리고 올곧은 오솔길이 있다면 달려 보자
삐걱거리는 관절로 달리며 천천히 치닫는

저 목적지를 벗어나 그립고 외로워했던 넓은 들판에
다다르면 무거운 짐 활짝 던져버리고
가벼운 마음으로 힘차게 달리자

# 나는 오늘도 사죄하며 살아가네

내게 모닥불 피워놓고 가버린 너
모닥불이 피어올라 하늘에 닿아도
나는 감당할 힘이 없다
기어코 가버린 너 흐느끼는 한숨 속에
꽃은 피어 만발해도 나는 어쩔 수가 없다
사라지는 연기 속에 흩어지는 낙엽 속에
곱게 물든 가을은 도망가고
거기에 묻힌 나는 갈 곳이 없어
이 자리에 멈춘다
누가 나를 부둥켜다오 그 길을 갈 수 있게
찔레꽃 만발한 고향 땅에 머무를 수 있게
날아가는 새도 갸웃거리고 뒤뚱거린 몸을
주체할 수 없이 내 몸이 흔들거려도 중심을 잡고
지나온 길을 회상할 수 있게 힘든 세월을 지탱할 수 있게
불끈불끈 솟는 마음의 상처가 딱지 질 수 있게
힘든 상황이 복받쳐도 올바른 눈으로 바라볼 수 있게
뒤뚱거리는 허리가 무너져도 제대로 걸을 수 있게
주위에 떠도는 행운이 도와만 준다면
나는 행복하리라
나를 비웃지 마라 공짜로 얻어먹는 다행을
다행이라 생각하지 않는다
피눈물을 흘려도 절룩거리며 달려가도

내게 주어진 사명을 진실을 바쳐 해결한다 해도
나는 나대로 걸어갈 길이 따로 있다
진실 앞에 무릎 꿇고 사죄한들
그 얼룩이 다 벗겨질까
나는 오늘도 사죄하며 살아가네

## 계좌 없는 삶

간들간들한 힘의 균형을 맞추지 못하고
쓰러지는 연약한 실핏줄들
부둥켜안고 우는 내 안의 간약 군들
보살핌 없이 평생을 보내도
원망 한번 안 하는 착실한 순정파

고달프게 허덕이는 신체적 불균형이
비록 내실의 튼튼한
육체를 만들지 못하더라도
오늘날 이렇게 잘 사는 것이 얼마나 균형 잡힌 일인가
돌이켜 보면 한 번도 후회한 적은 없다
딸꾹질 나는 그리움이 앞당겨 생각날 때도

나는 후회 하지 않는다
그 많은 세월 속에 파묻힌 육체
이만큼 건강하면 세상에 태어난 보람을 느낀다
세상이 그렇지 않은가 보다 훌륭한 삶을 원하지만
이루지 못해 절벽에 부딪혀 떠돌이처럼 떠돌다
제자리로 돌아갈 경우에도

희망도 삶이지만 좌절도 삶이다
불행의 씨앗은 기회를 놓치는 데 있다

기어코 베풀지 못한 덕행이라도
이를 악물고 실천하면 결과가 있는 법
나는 오늘부터 천국을 꿈꾸며 살리라
계좌 없는 삶이지만

# 내면 풍경이 쏟아지는 달밤

내면 풍경이 쏟아지는 달밤에
나는 서서 귀를 기울여 본다
하염없이 흐느끼는 소리인가
가느다란 신음소리에 귀가 솔깃해진다
갈 테면 가라 용솟음치는 기를 이기지 못해
달밤에 하소연해 본다
넓게 가는 길이 좁게 가는 길보다
여전히 아름답기는 하다
내 어느새 언덕 너머 먼 산을 바라보며
울부짖는 산천을 응시한다
하염없이 나부끼는 저 사연들을
어느 곳에 모닥불 피워놓고 하소연할까
끔찍하게 사랑했던 그리움을 내팽개치고
발길 돌리는 이 무정한 사연이여
나는 갈 길 잃고 허덕이는 구름 나그네
정착지가 어디든 하고 싶은 일을 하는
까마득한 먼 고향길 기름진 땅에
한평생 걸어온 발자국을 묻고 싶다
이쯤에서 굴곡된 사연들을 멈추고 너는 가고
나는 남아서 꿈 많은 생을 펼쳐보고 싶다
끝이라 하면 설움이 복받쳐서 층지어 진열하고

싶어도 행여 다칠세라 걱정이 되는 이 마당에
한숨 돌리고 나면 비춰지는 태양열에 온몸을
담고고 강렬한 사랑 노래 부르고 싶다

# 회오리치는 바람 끝의 기억


구름 한번 쳐다보고 한숨 한번 쉬고
어느새 해는 저물어 황혼길에 접어드는데
조바심 버리고 영원할 수 있는 길을 걷는다
회오리치는 바람 끝의 기억을 더듬어
오늘날 여기까지 왔다
그 끝에서 부른 바람 간데없고
깃발만 휘날리는 강기슭을 더듬다 보면
희미한 추억이 나부끼는
강변에 도달하게 된다
나풀거리는 바람 품에 안고
갈 데까지 가다보면 꿈은 다시 피어오른다
그 꿈 잡고 나그넷길 한번 걷다 보면
후회는 없다
영원히 단단한 벌판을 가다 보면
아련한 마음의 상처들이 깃발을 들고
흐느끼며 몰려오는 이 길목에서 주름잡던
시절은 가고 한량처럼 나부끼는
바람결에 묻히게 될 것이다
그렇게 그립던 날들은 가고 이제 한숨만
내쉬는 외로움 곁에서 눈물 흘리는
네 모습이 처량하기에 우두커니 서서
슬픔에 젖은 네 모습을 바라만 보고 있다

# 제3부

# 침묵의 난간에 서서

# 침묵의 난간에 서서

침묵의 난간에 서서 움직이는 그림자들
피어날 수 없는 길이기에
산뜻한 모자 눌러쓰고 꽃피는 사계절을 둘러본다
가고 싶어도 가지 못하는 것이 고향인데
잠자코 서서만 느껴보는 고향의 향수
남김없이 훌쩍 마셔도 쏟아지는
고향의 샘물 흘러버릴 수 없어 나그네 설움처럼
간직하고 쏟아버리고 그 자리에서 도망쳐 나와도
여운은 계속되고 나팔꽃처럼 활짝 핀
서랍 문을 열면 고이 간직한 추억들이 쏟아져 나와
내 언 몸을 감고 돈다

버릴 것은 버리고 남는 것은 그대로 남아
훗날 달빛 어린 밤, 쓸쓸함이 추억을 남길 때
외로움이 몸을 감고 돌 때 하염없이 쏟아지는 눈물
내 주위가 잿빛으로 물들 때 나는 조용히 눈을 감고
명상에 몰두한다
피할 수 없는 사연 앞에 할 말을 잃고 서성일 때
문득 떠오르는 유년의 기억 한 토막 가슴에 담고
여기까지 왔다 버릴 수 없는 황금알 같은
소중한 것이기에 심신의 고단함 마음속에 묻어버리고
태연한 자세로, 한 걸음 한 걸음 부담 없이
내일의 날씨를 탐문해 본다

# 한없이 밀려오는 꿈의 공간

한없이 밀려오는 꿈의 공간
공간 속에 파묻혀 오늘도 즐긴다
구태여 말할 수는 없지만 피어나는 꽃처럼 아름다운
너의 모습이 보고 싶어 가물거리는 지평선에
한 줄기 빛이 꿈처럼 펼쳐진들
누가 감히 나무랄 수 있는가
신선하고 달콤한 풀 냄새가 밀물처럼 밀려올 때
물살에 밀려 나는 한없이 떠내려가고
짓궂은 작달비만 소리 없이 나를 훔치고 있다
갈 테면 가라 속절없이 흐르는 물결 속을 나와
꽃구름 뭉게구름 난데없이 내 머리 위를 흐르고
갈 테면 가라는 야속어가 귀에 거슬려 뭉게구름
한줌 던지며 밀려오는 파도에 휩싸여
돌이킬 수 없는 길을 가고 있다
앞 강에 부딪쳐 메아리치는 갈대꽃 사이로
흰 구름 몰아치면 나는 속절없는 속삭임에 부딪쳐
서성거린다 올 테면 오라 나에게 갈 테면 가라
속삭임 없이 뿌리칠 테면 뿌리쳐라
이별의 말도 없이 지금껏 살아온 경험이 서글퍼
마냥 슬프기만 하다 갈 수 없는 것들이 많아
눈물겹도록 슬픈 사연을 담아 너에게 보내고 나면
남는 것 허무뿐이다 마음 한구석 비어 있는 공간이
허전하기만 해 속절없이 게으름만 피운다

# 봄나들이 가는 날

벌레 소리 울음처럼 달고 그가 나에게 온다
나는 아늑히 품에 안고 다독거려준다
갈데없는 나를 찾아주는 너는 고마운 존재다
너를 버릴 수 없어 나는 한사코 반긴다
모든 이치가 이런 형태로 세상을 버틴다
고맙고 쓸쓸하고 알뜰한 상황 판단의 기로에 서서
야무진 마음으로 처신하는 인간들의 비애는 단순한
경지에 이를 때까지 마음 놓을 수 없는 경우가 있다
쉽게 판단하지 말자 꼭 필요한 때가 있으니
마음 가다듬고 기회를 기다리자
기다리는 동안이 중요하다 가벼운 행동은 금물이다
할 수 있는 일은 하고 할 수 없을 경우에는 침묵이다
침묵밖에 방법이 없다
오늘은 봄나들이 가는 날, 침묵은 금물이다
기쁨을 만끽해 추억을 만들고 추억 속에
꿈을 실어 여생을 즐길 수 있는 힘이 된다

# 다시 한번 생각해 본다

내면의 풍경을 접고
가냘프게 움터오는 사연을 피해
오늘 한 가닥 슬픔에 젖는다
힘겨운 인연들을 무너뜨리고
갈 곳 몰라 하는 연인들을 붙잡아
한숨 돌리고 나면 내 가냘픈 사연이 풀릴까
다시 한번 생각해 본다
갈 데까지 길을 물어가다 다리 뻗고
한숨 한번 돌리고 걷던 길 다시 걸을까
두려움 없이 생의 앞날을 계획하더라도
나는 오늘 이 자리에 앉아서 점 하나 찍을까
그 많은 하소연을 품에 안고 토할 것 같은
사연 많은 생, 나는 오늘도 품어낼 수 없는
기러기 날개에 실어 먼 하늘 두둥실 떠가는
안개가 되리라

분간할 수 없는 세상의 사연들이 몰래 다가와
내 주위를 맴돈들 내가 무어라고 할 수 있는가
나무라고 할 수 없는 조건을 갖춘 채
할 일 없이 떠돌아다녀도 필경 구슬픈 사연들이
맴돈들 어느 누가 그 사연을 물어 볼 것인가
하물며 나만이라도 관리할 수 없는 자신이

역겨워 못내 날뛰는 아쉬움을 견제할 수가 없다
오 하늘이여 빛을 발하여 주소서
내 온몸에 채찍을 가하여 빛나게 하여 주소서
정처 없이 떠가는 구름을 잡아 내 앞에 붙잡아 놓고
빌리라 천하 우주가 눈부신 활처럼 활활 날아가
지정된 곳에 꽂히면 꽃처럼 피어나는 우주선을
하늘에 띄워 날아가게 하리라
우뚝 솟아오르게 하리라

# 쉴 틈 없는 오기들의 질투

오늘도 시작법의 한 난관에 서서 울지만
보여 줄 것이 없어 고민하고 있다
피어날 듯 피어나지 못하고 보여 줄 듯 보여주지
못하는 가냘픈 현실 앞에 구름처럼 떠가는 날개 달린
상상력이 피지 못하고 주춤거리는 현실 앞에
고독한 측면이 없는 것은 아니다
허덕이며 사랑하는 측면이 없는 것도 아니지만
헐레벌떡 눈물짓는 광경이 안쓰러워
눈을 감고 먼 산을 쳐다보지만 뾰족한 해결책이 없어
마냥 흐느끼고 있다
갈길 몰라 허덕이는 내 방향이 아득하기만 한
이 비탈진 길에서 피앙세 한 마리 푸드득 날아가는
날갯짓이 맘에 들어 마냥 흥겹기만 하다
갈 수 없는 길이 무한한데 어느 길을 택한들
편할까 마음의 안정을 잡기 위해 편한 길을 걸어본다
쉴 틈 없는 오기들의 질투
거리낌 없는 길을 가기 위해
전력 질주하는 모양새가 보기 좋아 옆에 있는
모든 사연들을 뿌리치고 도망치듯 나와 보니
햇빛 밝은 환한 세상이 산 너머 머뭇거리고 있다
주춤거리는 발끝마다 희망이 솟아오르고
마음의 광장에 넓은 들판이 펼쳐져

어쩔 줄 모르고 당황한 데
느닷없는 철새 울음소리에 긴장이 풀려
안정을 취하고 있는데 가까스로 다가오는
바람 소리가 귓전을 맴돈다

# 늙은 마부들의 집념

강가에 서면 피어오르는 수줍음을 무릅쓰고
피어오르고 싶다
길옆에 앉아 풀들의 새싹을 뚫어지게 쳐다보면
감성이 부드러워지고 고개 넘어 꽃수레 끌고 가는
늙은 마부들의 집념을 훔치고 싶다
꽃길에서 피는 꽃들의 사유가 슬프지는 않겠지만
따를 수 없는 길이기에 슬픔을 무릅쓰고 배우고 싶다
이 길이 길이 아니라도 좋다 마음 속 깊이 파고드는
죄악들의 뿌리를 뽑아 하늘 높이 던지고 싶다
쓸쓸한 슬픔들이 강물 깊숙이 스며들어 흐르는 강물을
흐르지 못하게 방해하더라도 마음 깊이 스며드는
강물 속마음을 햇볕에 말려 차곡차곡 접어
땅속에 파묻고 싶다
이 생각이 부질없는 외로움의 화풀이라 하더라도
나는 꼭 실천해 보람을 느끼리라 이 보람 속에
피어오르는 꽃들이 한 말을 알아듣고 실천하리라

# 시는 내 마음의 결정체

시는 내 마음의 결정체
결국 피지 못한 사연으로 남는다
함몰된 육체가 아장거리며 걸어 나와
마음의 상처를 다스리지 못하고
길게 뻗은 산들의 길이가 우주를 덮는다
한들 내 마음속 비어 있는 공간을 채울 수는 없다
만물의 영장이 기를 펴지 못하고
수그러드는 고갯길 어쩌면 그렇게 해서라도
활짝 펼 수 있는 기회만 얻는다면
이 거친 세상 막다른 골목에 발을 내딛지는
않을 것이다 기회가 오더라도 있는 대로
다 써버리면 다음 기회에 보상을 받지 못한다
행운은 저절로 오늘 것이 아니라 다음 기회에
점을 하나 찍는다면 주어진 책무는 다 하는 것이다
홀가분한 마음으로 길을 걸어도 발은 무겁고
다 닳아진 신발 끈을 되묶어 봐도 기회는 오지 않고
꿈들은 피어서 어디론가 흔적을 감추고
망설이다가 길을 찾지 못하고 허덕이는데
어디서 스치고 지나가는 휘파람 소리
내 귀를 곤추세워 눈을 크게 뜨게 한다

# 외로움을 접착제로 바르고

외로움을 접착제로 바르고
난데없이 밀착해 오는
너의 부질없는 생각이
하필 오늘 나를 괴롭히는가
갈 데까지 가 보는
쓸데없는 귓속말처럼 느껴지는
말들이 지금 아무리 생각해 봐도
고달픈 사연에 불과하다
고요히 흐르는 저 맑은 물이
살며시 다가와 나를 흔든다 한들
이미 지나간 궁금증이 몇 번 궁글다
되돌아 내 마음을 흔든들
짙게 굳어진 내 심장이 푸른색이 되어
나를 용서할까 보살펴 줄까

천지간에 굳어진 마음 붙들고
용서를 비는 객이 또 어디 있을까
고독을 안고 달려가는 저 세월아
발바닥이 다 닳도록 달려가지만
침체된 수많은 여운을 어찌할 수 없어
가다가 숨차면 길가에 부려놓고
여유를 즐길 수 있는 기회도 필요할 것 같다

아 강가에 서 있는 나그네여
하필 오늘 너와 내가 중첩이 되어
돌이킬 수 없는 이 자리를 붙들고 있다
돌파하고 싶다 지금 당장이라도
단숨에 달려가 끈을 잡고 늘어지고 싶다
이 못된 욕망이 스스로 풀어져
하늘에 닿을 때까지

# 구름에 달 가듯이 가는 나그네

구름 속에서 피어나는 수많은 꽃들
내 마음 잠재워 피어나고
꽃이되 형용할 수 없는 꽃
생기가 없는 꽃들, 향기를 뿌려 주위를 잠재우고
피어날 수 없는 길을 막아
오늘 하루 꿈결 속을 걸어본다
잠길 수 없는 것이 인간의 도리 길에
꿈틀거리며 새싹 트는 잠결의 소리를 듣지 못한다
형용할 수 없이 퍼져가는 저 사연의 숨소리
억지로 잠재울 수 없는 길이기에 외로움을
무릅쓰고 꿈길 속을 헤맨다
네게 주어질 수 있는 기쁨이 무엇이길래
너는 너대로 나는 나대로 움츠린 몸을 부여잡고
흐느끼고 있는가 갈 때 가더라도 지금은 멈출 수 없는
갈림길에서 갈 길을 못 잡고 허덕이고 있는가
구름에 달 가듯이 가는 나그네
인생길이 나그넷길이라면 피할 수는 없다
어떤 이유든 간에 갈 길을 멈추고 뒤돌아볼 수 있는
여유가 필요하다
한참 가다 보니 골목길에 서성이는 너를 보고
서글픔이 눈앞을 가려 외로움에 젖어 들고 있었는데
구름은 구름대로 바람은 바람대로 제 길을 가고 있다

한참 머뭇거리고 있는데 갑자기 쏟아지는
장맛비에 나는 흠뻑 젖고 있다가 당황하여
눈을 떠보니 비는 저만치 건너가고
도로에는 빗물 자국만 흐르고 있었다

# 아름다운 세상

꿈의 공간에 태어나 내면에 충실한 현실
돌이킬 수 없는 희망을 안고 태어나
무너진 건설 탑을 바라보며 희망이 솟는다
9층까지 올라가 길이 막히면 어떻게 하지
누적된 피로를 풀기 위해 희망찬 노래를 부르며
한 발자국씩 발을 옮기기 시작한다
천천히 고요히 누락된 조건 없이 불필요한 사심을 버리고
나름대로의 희망을 찾아 즐기는 상황이 황홀하다
길가에 한 폭의 풀이라도 소홀할 수 없어 찾아다니다 보면
저희들끼리 지키는 질서 황홀해서 눈을 뜰 수가 없다
길가에 피어있는 꽃은 아름답다
길가에 피어 있는 황홀한 꽃은 그 자체가 예쁘다
나도 내 자체가 곱다
자신이 아름답지 않은 자체가 어디 있으랴
필수과목처럼 따라다니는 아름다움, 그 속에 물들다 보면
세상이 신비롭고 만사가 평화로워진다
견디기 힘든 경우에도 부드러운 솜털 같은 일들이
녹아내려 쉽게 풀린다
그래서 세상은 좋은가 보다 역겨운 경우에도
쉽게 풀리는 일들이 있어

# 힘찬 결과물

희미한 불빛 사이로 마주치는 그 눈빛 피할 수 없어
오늘도 부대끼며 외딴 길로 간다
가다가 끝나면 또 가고 가다가 끝나면 또 가고
반복하다 어느 종점에 닿게 되면
시린 눈을 감출 수 없어 외면해 버리는
안타까운 시선 놀이만 한다
갈 길이 멀어서 또 가고 또 가고 반복의 길은 멀어만 가고
걷잡을 수 없는 시름에 빠져 멍하니 서 있다

갈 때 가는 것이 사람의 길이지만 갈 수 없어서 머뭇거리는
것도 사람의 길이다 갈 데까지 가 보자 지금 당장 끝났다
하더라도 쉼 없는 질주는 보람의 창고가 되는 것이다
가파른 언덕을 단숨에 잡아채는 것도 능력이다
능력 따라 질주하다 보면 새파란 길목에 멈추게 된다 오늘
길은 만고 땡이니 양손 마주 잡고 한바탕 신나게 웃어보자
만고 땡 만고 땡 소리 지르며 한바탕 신나게 웃어보는 것도
만고 풍파를 견뎌 온 우리 인간의 힘찬 결과물이다

# 인간은 추억을 먹고 산다

그때 고독은 강물처럼 흐르고
멀리서 들리는 바람 소리에 한숨 돌리고 나면
만사가 평온해진다
구름 따라 흐르는 나그네처럼
바람 따라 흐르는 인간사처럼
모질게 흐르는 세상만사처럼 눈물겨운 인생사가
이렇게 무겁기만 하면 세상사의 움직임은 어떻게 될까
한 점 부끄럼 없는 삶을 살고 싶어도
뜻대로 안 되는 것이 인간사가 아닌가

가파른 언덕을 오를 때마다 느끼는 것은
구름 따라 흐르는 바람처럼 가파르기만 하다
영원할 수 없는 기억을 벗 삼아 거리낌 없는 삶을 살고
싶어도 뜻대로 안 되는 것이 인생사 부대끼며 살아온
과거사 오늘 빛을 발하지 못해도 어느 나무 밑에라도
흔적을 남기며 옛 추억이 될 수 있는 기회가 주어져 좋다
우리는 추억을 먹고 산다 밥 안 먹어도 배부른 추억
추억은 고마운 존재 남달리 아끼는 존재이지만
관리 소홀로 인해서 버림을 받을 수도 있다

평범하지만 정감이 드는 단어
한 주먹 집어 입에 넣고 삼켜보지만 목에 걸려

넘어가지 않는다
깔끔한 소유자의 개념, 개념 속에 피는 꽃
향긋한 냄새를 풍기며 곤하게 잠들게 하지만
뒤끝은 언제나 미련을 남긴다 미련 없는 삶이 어디 있으랴
깜박깜박 졸다가도 깜짝 놀라 일어나 우왕좌왕하는
현실 앞에서 당황하지 말고 침착하게
오래오래 살다 보면 좋은 일이 생긴다

# 소곤소곤 속삭이는 바람 소리

안개 너울 뒤집어쓴 난간에 서서
나는 휘파람 소리 듣는다
나무와 나무 사이로 부풀게 불어가는 바람 끝자락
경쾌한 넋두리를 안겨주는 시원한 바람이다
오가는 길이 막혀서 도로에 앉아 한숨 쉬고 있는데
지나가는 저 구름은 꼭 누구를 닮은 모습이다
한없이 보고 싶고 한없이 가고 싶은 고향 산길 따라
휘젓는 갈지 자 걸음으로 달려가는 마을 사람들
내 한쪽 어깨에 등을 기대고 방긋 웃는 모습처럼 보여
절친한 동기 같아 한없이 감명을 받는다
구김살 없는 표현이 호박꽃보다도 더 소박해
저절로 정이 들어 발걸음마다 짙은 여운을 남긴다

나를 따라 흐르는 저 구름도 나를 닮아 가는지
꽃길 따라 흐느끼는 발걸음에 정을 두고 하염없는 삼베옷
물결에 출렁이는 나뭇가지 정을 듬뿍 담아 흐른다
나를 닮지 마라 나는 정이 부족한 사람 부대끼며 살아온
가지마다 신나는 노랫소리가 들리고 곡절 따라 흐르는
휘파람 소리도 엉뚱한 냇물을 닮아
강물 흐르는 소리가 들린다
강물과 나무는 부대끼며 살아온 이웃사촌과 같아
서로 어우러져 나부끼는 강물 소리가 나고

어깨동무하고 소풍 가는 어린 시절의 추억이 새롭다
소곤소곤 속삭이는 바람 소리 온몸에 들어와 다독이고
정든 인연이 오늘따라 반갑다

# 낙관적인 기로에 서서

미래의 꿈은 사라지고 현재의 희망 밝아온다
종잡을 수 없는 낙상의 길에 홀로 떠다니는 유랑별
곰곰이 생각하니 어릴 적 꿈 많은 소녀 시절이었다
낙관적인 기로에 서서 망망대해를 바라보니
꿈 많은 시절 냇물처럼 잘잘 흐르던
그 당시의 상황이었다
유유히 흐르는 강물의 실속을 알 수가 없어
눈 감고 천리를 바라보니
아득히 차오르는 냇물과 같아서
함부로 할 수 없는 꿈같은 시절이
눈앞에 비쳤다 사라지곤 했다
고독한 개념이 어디서 날뛰는 줄 모르고
마냥 흥겹기만 하던 그 시절을 잊을 수 없어
난간에 서서 고개 넘어 먼 산 바라보던 그때를
회상하며 기억난 대로 더듬어 한 발짝씩 걸음을
뗄 때 뚝뚝 떨어지던 눈물이 발등을 덮치던
그 시절이 생각난다
조용히 머물던 시절이 생각나 눈을 감고
명상에 잠겨보지만 캄캄한 어둠만 가득 차
헤아릴 길이 없다

서글픈 안개를 걷어버리고 빳빳한 햇살이
활짝 피어 따뜻한 분위기가 조성될 때
만물은 다시 소생할 것이다

# 온 우주가 쥐 죽은 듯 조용하다

잘 때 잠자는 꿈의 공간에서 잠들고 싶다
거역할 수 없는 일들이 주위를 맴돌다 사라질지라도
하고 싶은 일은 하고야 마는 성격 때문에 망설이는 일이
많다 수줍음을 무릅쓰고 피나는 노력으로 결과를 맺는
모든 원인과 이유를 한데 뭉쳐 진열해 놓고
이리저리 둘러보지만 뚜렷한 결과는 없고
역겨운 사연들만 전시되어 있다
어느 하나를 골라도 마음의 충족을 채울 수 없는
상황에서 만족된 결과를 바랄 수는 없다
새롭게 피어나는 새싹들이 옹기종기 모여서 이마 맞대고
속삭이는 소리가 들려 귀를 기울여 본다
달콤한 말들이 뉘우침도 없이 쏟아지고
감미롭게 속삭이는 끈질긴 설득에 한 걸음 뒷걸음쳐
물러나고 나면 마음의 평화를 찾는다
쉴 시간 없이 조잘거리는 저 참새떼들의 수다가 불을
밝혀 숲속이 환해지고 거리낌 없는 자연의 역사가
시작되는 아침이 오면 소란 했던 어둠은 자취를
감추고 온 우주가 쥐 죽은 듯 조용해진다

# 제4부
# 평화로운 계곡의 물소리

# 기피할 수 없는 고독감

꽃의 분량은 얼마나 되는지
거기에 따르는 모든 조건을 내세워
힘의 질량을 가늠할 수 있는 백배 무효한
대결을 겨룰 수 있는 방법이 여기에 있다
꽃피는 아름다운 시절 힘에 겨운 짐을 짊어지고
끝까지 가야 하는 의무감에 사로잡혀 마음이 무겁다
힘겨운 씨름 기틀이 마련돼 있지 않은 이때가
어렵게만 보이는 이 시절 새가 울고 나비가 나는
숲속 그늘에서 육신을 풀어놓고 힘겨운 놀이 전쟁에
매진하다 보면 신발이 어디로 갔는지 머리칼이 흐트러
졌는지 알 수 없는 기로에서 허덕이다 잠이 든다
꽃구경 가다 도랑에 빠져 넘어지고 또 일어나 걸어도
절뚝거리는 다리는 일정한데 마음은 넓은 하늘을 날아
고개 넘어 간다 마음과 몸이 일치 못 하면 몸은 부실하게
되고 마음만 남는다 마음은 못할 것이 있는가
무슨 일이든 마음먹기에 달렸다는데
내 한 마음 다짐하면 못 할 것이 없다
지금부터 뛰자 달리자 고개 넘어 질주하자
목적지에 도달하면 각자가 희망을 품고 골고루 누구 하나
소외당하지 않게 합심하여 꼭꼭 묶어 하나가 되자
가지런히 놓여 있는 신발들, 햇살이 비쳐 광채가 나게
힘을 합하여 전진하자 돌진하자 끝까지 전력질주 하자

# 평화로운 계곡의 물소리

평화로운 계곡의 물소리
떠들썩하게 들리니
어느 하늘 아래 기쁜 날이 없을까
필 때 피는 만물의 영장이
쉽게 시들지는 않을 텐데
오늘따라 날씨가 흐리다
마음을 고쳐 그리운 것들을 걷어 들여
한 탑을 쌓고 짓궂은 날파리들이
처량하게 울어대는 가을밤
심술궂은 새들의 날갯소리가 요란하게 들린다
필 때 피고 질 때 지는 자연의 원칙에 따라
애꿎은 피리 소리만 얄미운 사연을 남긴 채
달아나는 슬픔 앞에 나는 한없이 눈물만 흘렸다
눈물 속에 피는 꽃, 꽃 속에 피는 눈물
나는 아랑곳없이 짖어 대는 새소리에
정신을 잃고 한참 명상에 잠긴다
눈 떠라 이제 끝났다 그깟 소리가
무엇이 그리 대단해 신경을 곤추세우고
날아갈 듯 허공을 헤매나 정신 차리고
정겹게 즐기며 우리는 한 몸이 되는 거다
너와 내가 부둥켜안고 다독이며

사랑을 나누고 서로 끌어안고 힘겹게 위안을 하며
피어날 대로 피어나는 골목길 수선화가 되어
이 거친 세상 활짝 웃어보자

# 남모를 설움에 젖어

시에는 이미지가 있다 어떠한 형태도
꿈꿀 수 있는 다양한 형상이기에
오늘 길가에 모아둔 모닥불에서 형상을 이루고 있는
하나의 이미지를 불러낸다
귤껍질 같은 단단한 힘 속에 내가 부를 수 있는
노래가 흘러나오고 소음에 시달린 사람들처럼
비틀거리며 주저앉는 하나의 장면을 목격한다
논리에 맞지 않는 이미지며 현명한 소재가 될 수 없는
갸륵한 목소리가 반전하여 울려 퍼지는
호랑나비 잎새에 매독처럼 매달리는 갈퀴나무는
어느 바람에 시달리다 흘러온 귀찮은 존재인가
가끔씩 흐려지는 마음의 물줄기 끌어안고 울먹이는
시린 가슴에 구태여 하소연할 필요는 없다

갈 데까지 가는 것이다 목메어 울더라도 까마득한 고개
넘어 흘러오는 풀피리 소리, 어느 누가 흐느끼다 못해
구슬픈 사연을 바람에 날려 보내는가 슬퍼 마라 그중에도
쓸 만한 조건은 있다
하잘것없는 일이지만 가냘프게 날아가는 저 휘파람 속에
스며든 비운은 남아 있다 그렇게 애원해도 듣지 않던
이유를 모른 채 뒤따라갈 마음의 자세는 남아 있다
구슬픈 소쩍새 소리 귀를 흔드는 데 달콤한 시냇물 소리에

흠뻑 빠져본다 물결쳐 흐르는 저 소리도 한 때는 강바람에
시달려 머리 싸매고 흐느끼며 설움에 복받쳐 극치의
슬픔에 젖었을 것이다 행여 내게 달려드는 무방비의
바람이 육신을 저울질하며 그때 그 시절을 추억했을지도
모른다 그때는 그랬을 것이다 분별없는 시달림에 부대껴
정신없이 허덕이며 남모를 설움에 젖어 흐느끼고
있을 때 슬쩍 지나가는 한 줄기 바람의 힘은
나를 구원하는 생명선이 되었다

# 천마산 기슭 단풍놀이

천마산 기슭에 단풍놀이 가는 길
누렇게 엎드려 있는 멧돼지 한 마리
볼품 좋아 눈을 크게 뜨고 바라본다
피는 꽃도 꽃이지만 지는 꽃도 꽃이다
한창 잘 나갈 때 활발한 활동이
얼마나 훌륭한 몸보신인가
필 때 피더라도 꺾을 때 꺾는 습성이 한 항목에
들어가는 한 과정이 지나고 나면 남는 것 후회뿐이다
수없이 즐겨 찾는 사람들의 곡절이 우연한 기회에
돌이킬 수 없는 실수를 범하고 나면
눈물 어린 사연들이 폭발치는 잡풀 무성한 평지를 지나
흐느끼고 있는 쓸쓸한 장면이 보이는 곳에 몸을 풀고 나면
편안해지는 마음 한 자락 즐거운 마음으로 바라본다
여기서 끝자락이 어디쯤일까 멀리멀리 바라보는 시선이
중심을 못 잡고 허덕일 때 나는 노을 한 자락 부둥켜안고
안심을 취한다 멀리 방향 없이 떠나는 나그넷길에
방해할 사람은 없다 무표정한 얼굴로 길을 걷는 사람들
모습은 이채롭다 표정 없는 아름다운 모습으로
훌쩍 다가오는 사연들이 흥겨워
웃음 한번 던져보지만 반응이 없어 슬쩍 지나가는데
우거진 숲에서 새 한 마리 후드득 날아간다
낙엽이 떨어져 머리에 앉는다

허전한 생각으로 길을 가는데
낙엽이 친구가 되어 내 마음을 다독여준다
자연이 좋다 허전한 마음을 달래주는 자연과 더불어
살다 보면 풍성한 마음으로 세상살이의
고된 삶을 벗어날 수 있다

# 상처 없는 내일을 기약하며

꿈의 질곡에 묻혀 헤어날 수 없는
안타까운 심정을 밤의 하늘에 하소연해 본다
크고 작은 것이 모여서 하나의 단체를 이루듯이
이 세상의 모든 것은 뭉치는 힘이다
깊고 푸른 사연들이 매듭처럼 맺혀 하나의
꽃망울을 이루듯이 크고 작은 것이 뭉쳐 하나의 무덤을
장식하고 크고 작은 일들이 자주 나타나 눈 안의 풍경을
이루듯이 나는 까닭 없는 목마름에 상처를 받는다

기필코 나에게서 떠났다면 나는 할 수 없이
버릴 수밖에 꽃들이 만발해 눈앞이 흐리고 까닭 없이
부풀어지는 슬픈 사연들은 눈앞을 가릴 수 없어 사실
그대로 노출되는데 노출된 부분을 가릴 수 없어 마음의
창문을 열어 놓고 따뜻한 햇살을 받아들인다
따뜻한 햇살이 몸을 감고 돌 때 따뜻한 극치가 하늘에 닿아
나는 편안한 마음의 휴식에 들어간다

이런 따뜻한 극치가 어디 있는가 마음의 문을 활짝
열고 솔솔 들어오는 시원함을 만끽하며 새로운 삶을 도전
해 본다 따뜻해서 좋다 편안해서 좋다 상처 없는 내일을
기약하며 오늘의 이 기쁨을 온 천하에 풀어 놓는다
내일 당장 실연이 온다 하더라도

# 뜬구름 삼키며 토해내며

구름의 요술사들이 떼를 지어 뭉게 오르고 있다
누가 저 요술사들의 놀이를 막을 수가 있나
너 거기 못 있어
산 넘어 사자 떼들이 줄지어 몰려오고 있다
공중의 크나큰 전쟁이 벌어질 예정이다
우주여 자제하라 크나큰 전쟁을 위해 피신하라
우리도 따라갈 테니
전쟁 끝에는 평화가 온다
평화로운 지구가 되기 위해서
온 인류는 뼈아픈 노력을 해야 한다
뜬구름 삼키며 뜬구름 토해 내며
몰아치는 뭉게구름 속에 한 뭉치 달개바람이
휘몰아치는 싸움판에 뛰어들어 좌우충돌에
부대끼며 눈코 뜰 새 없이 바쁜 몸동작으로 휘파람
날리는 짓궂은 동작들이 어설퍼 눈을 감고 명상에 잠긴다
눈을 뜰 수도 감을 수도 없는 어설픈 요지경 속에서 누구를
탓하랴 망설임에 눈을 떠보니 지쳐 있는 삶의 무게가
구슬픈 노랫가락에 흥겨워 춤을 추고 있었다
오죽하면 맘에 없는 춤을 출까 억지로 이어지는 현실의
추태가 진심이 아닐 텐데 여기쯤에 멈추고
올바른 사고에 전진해 보자

# 지혜가 교양프로가 될 때까지

무덤 속의 핏줄, 기약 없는 외로움
천만 갈래로 찢어져 흐르는 저 강물도
순리 따라 흐르는데
눈앞에 보이는 저 풍경, 질서 속에
온몸을 풀고 나부끼고 있다
모닥불처럼 피어오르는 광활한 벌판
나는 숨길 수 없는 안타까운 심정을
밤하늘에 하소연한다
누적된 피로가 쌓여 강을 이루고
덮칠 수 없는 피로감이 눈앞을 가리고
피어날 수 없는 희망들이 재생을 갈망하지만
길은 하나요 바람도 하나다
당황하는 기로에서 갈팡질팡 갈피를 잡지 못하고
함박웃음 웃으며 반긴다
마음의 위로를 받고 긴장된 정서를 다스리는
이 길목에서 소홀할 수 없는 미래 지향성을 기른다
넓은 세상에 푹 빠져 아늑한 달빛을 온몸으로 받으며
한발 한발 걷는 걸음에도 깊은 향기가 풍기는 고상한
품위의 소유자가 되기 위해서 사람들은 오늘도 달린다
가다가 중단하면 아니 간만 못하지만
허술한 마음의 다짐을 질책하면서 끝까지 늘어지는

지혜도 하나의 교양프로에 속한다
중단하지 말고 달리자 끝까지 달리자
지혜가 교양프로가 될 때까지

# 형상화의 물결은 사라지고

형상화의 물결은 사라지고
구김살 없는 사연이 마음의 충족을 채워준다
우는 낙엽송 가을바람에 허덕이는데
갈 곳 없는 나는
원인 모를 물음에 자극을 받아 오늘도 아팠다
어딘지 모르지만 가고 싶은 곳이 있어서 눈물 글썽이며
하소연했지만 통 반응이 없어 궁금증만 더해 가 포기하고
말았다 뒤를 돌아보니 앞줄 섰던 사람들이 따라오고
있다 눈물 많고 웃음 많은 다양한 품위의 소유자들이
모여서 웃음꽃을 피우고 갈팡질팡 허덕이는 사람들이
갈 곳 몰라 하던 일들이 기억난다

바쁘게 서대는 사람들 뒷모습에 참다운 삶의 참모습을
발견할 수가 있다 참는 것만이 미덕이 아니다
자발적으로 실천할 수 있는 능력이 필요하다
의타심을 버리고 참된 진실의 삶을 살기 위해 노력하는
사람들의 뒷모습이 경이롭다 아름다운 모습들이 나부끼는
달밤에 홀로 기러기 날아가는데 이 모습을 바라보는
가냘픈 여인의 모습이 아름답다 세월은 가도 깊은 숲속의
자연은 그대로인데 아랑곳할 것 없이 세상은 평화롭다
이 좋은 세상에 할 일 없이 잠만 자는 나는 무능한가
의문이 많지만 세상살이가 쉽지만은 않다 각자의 의지대로

베풀면서 사는 사람들 모습은 참신하다
맑은 물이 흐르는 냇가에 돌을 던지며 여가를 보내는
모습은 눈이 시리도록 아름답다 이런 여가를 즐기는
사람도 하나의 능력이다

# 위로의 미소를 던진다

나부끼는 나무들의 힘줄
힘줄 잡아 공간에 매달아 놓고
한 걸음 한 걸음 느린 걸음으로 달리다 보면
어느새 해는 저물어 서쪽 하늘에 매달린다
매달리는 끈을 잡고 나부끼다 보면
하늘은 반쯤 매달리다 끈을 놓치고 만다
하늘도 실수가 있다 놓친 손을 호호 불며
불안과 초조 움켜쥐고 안절부절할 때가 있어
불안한 마음을 조금이라도 해소하기 위해서
위로의 미소를 던진다
아 하늘이여 고정된 자리에서 우리를 우러러보고 있으면
세상은 뜻대로 되지 않는 것이 진리인 것을
새삼 느끼게 된다
가다가 힘겨우면 주저앉고 힘이 회복되면 다시 걷고
반복하다 보면 뜻이 이루어지는 것을
세상만사는 반복의 시간이다
하염없이 떠오르는 별빛 달빛 따라가다 보면
발이 멈추는 곳이 목적지이다
그곳에 터를 잡고 알뜰살뜰 힘 모아 살다 보면
우리의 터전이요 고향이 된다

# 산업화의 갈등

산업화의 갈등에 침묵하는 나무
등댓불 밑에서 요술들이 날뛰는 길목을 지나
가파른 언덕을 오르면 알 수 없는 기류가 흐른다
아득히 떠오르는 달빛 아래서 소곤거리는 남녀의 태도가
달밤을 기어가는 거북이 등 같아서 하루 종일 울어보지만
뚜렷한 결과는 없다 등이 꺼칠해서 넘어지고
또 일어나 넘어지고 반복이 계속되지만 깨어나기 힘든
암흑 속을 걷고 있다 달콤한 말로 속삭이는
요지경에 빠지고 나면 길게 늘어진 빨랫줄만 달밤을
만끽하고 있다
가을에 온다고 했던 사람은 안 오고 등댓불만 멍하니 서서
골목길을 밝히고 지나가는 사람 없지만 주위의 풀벌레
소리만 아련하게 들린다 처량하게 들리는 풀벌레 소리가
서글픈 달밤, 나는 흔들리는 전봇대 밑에서 속삭여주는
달밤의 나그네가 그립다 허술한 전봇대 아래서 하룻밤
자고 가는 나그네가 영상처럼 떠오른다
피는 꽃도 꽃이지만 지는 꽃도 꽃이다 저 꽃 속에 들어가
하룻밤 자고 나면 모든 일이 잘 풀릴 것만 같다 올바른
기틀을 마련하고 준법정신에 입각하여 질서정연한
훗날을 마련한다면 우리의 앞날은 광명이 비칠 것이다
너나없이 중심을 잃지 않고 올바른 길로만 걸어간다면
불빛 밝히는 큰 대로가 앞다투어 들어설 것이다

# 사연을 마음에 새겨

바람 몰아치는 들판에 서서
머리카락 날리며 먼 산을 바라보는 그의 뒷모습이
뜬구름 나부끼다 사라지는 뒷모습 같다
저렇게 아련히 감싸오는 바람결 같은
아름다운 물결을 하염없이 바라보는 누적된 피로들이
삶의 지친 모습에 엇갈려 풍겨지는 향기가 바람결에
묻혀 지는데 저 바람 갈 곳이 없어 주위에 서성인다

풀어지는 슬픔 한 가닥 안고 정처 없이 떠도는 어느
식객의 하염없는 서러움이 모닥불처럼 활짝 피는데
어느 누가 이 애달픈 사연을 마음에 새겨 대중들의
마음속 깊이 뿌려줄까 그렇게도 간절하게 바라던 일인데
오늘 이 자리에 서서 마음껏 마셔보지만
마음의 충족을 만끽할 수는 없다

만족함이 부족하며 불만이 되듯이 서러움이 가득 차면
슬픔이 된다 이 슬픔을 누구한테 풀어볼까
전하는 사람 없어 아쉬움만 가득 찬 데 너와 나는
동격으로 어두운 구석에 태양열이 되어 한 가득 넘쳐본다
분말처럼 퍼져가는 향기가 구석구석 빈틈없이 뿌려지면
이 날카로운 세상이 부드러운 세상이 될까
한가득 넘쳐흐르는 소망을 담아 여기저기 뿌려서
여기저기 꽃송이가 되어 마음 한가득 펼쳐 본다

# 고요한 품질의 나무들

고요한 품질의 나무들 어울려 서서
속삭이는 눈빛이 밤하늘 별과 같아서
이 몸도 나무였으면 좋겠다는 생각이 든다
꽃구경 가다 밤하늘의 별을 보고
별이 되었다는 전설 속의 이야기를
듣는 것 같아 하염없이 눈물만 흘리는
고독한 사람만 즐기는 고독한 밤에
이탈감 무릅쓰고 어둠 속을 걷는다

피할 수 없는 무력감에 지쳐 발걸음이 무거운데
속삭이듯 들려오는 풀벌레 소리가 감성을 돋군다
범할 수 없는 희열의 싹이 트고 고독감에 젖어
나부끼는 저 하늘의 별과 같이 내 마음 한구석에
속삭이는 어둠의 풀벌레 소리가 처량하기만 하다
숲속을 거닐던 어느 날 요란하게 들리는 발자국
소리에 놀라 눈을 떠 보니 꿈이었다

긴가민가하는 찰나에 무심코 일어나는 소음 소리에
귀를 기울이는데 느닷없는 풀벌레 소리에 감성은
풀벌레가 된다 풀벌레라도 좋다 이 세상 어딘가에
빠질 수 있는 존재가 된다는 것 얼마나 즐거운 일인가
나는 오늘도 구김살 없는 세상 속에 들어가
한번 푹 빠져보고 싶다

# 꿈속에서 길을 잃었다

꿈속에서 길을 잃었다 길은 넓고 푸른 벌판 같은
명랑하고 확 트인 길이었다
나에게 소용되는 필요한 길일지라도 곧은 길이 아니면
갈 수 없는 현실의 처지를 자각하지 못한 처세술은 아니다
구김살 없이 반듯한 길들이 여기저기 흩어져
이름 모를 길을 남긴다 해도 구겨지는 곡선을 풀어
반듯한 평면을 만든다면 싫어할 사람은 없다
소원하는 무식한 소치라 생각 말고 뜻하는 대로 소원대로
구겨진 형편을 풀어간다면 거기에 바른 답이 있다

미워하지 말자 기뻐하자 어느 하늘에 숨 쉴 수 있는 공간이
있는가 있다면 우리 모두 어울려 동행한다면 소원 성취
이룰 것이다 딱딱한 공간을 메우고 슬픈 공간을 풀어
이미지를 심어준다면 틀림없는 햇빛이 비칠 것이다
아니 저장될 것이다 기쁘면 기쁜 대로 슬프면 슬픈 대로
이어지는 행동이 계속된다면 너와 나는 한 동지가 되어
소각되는 기쁨을 추켜 올려 한 아름의 찬란한 빛이
솟을 것이다 기쁨도 슬픔도 땅에 묻어버리는
그런 서러운 공간을 만들지 말자

만든다면 버리자 꾸역꾸역 잡아 삼키지 말고 저장하자
올바른 일이면 새겨두자 언제 필요할지 모르니

착실하게 간수해 훗날 빛을 발하자 너와 내가 찬란한
봄을 맞이하여 슬픔을 버리고 낙엽송 같은 기억을
창출해 공동 면목으로 사용하자 숨길 것은 없다
솔직하게 털어놓아 공감대를 형성하고
고운 뜻을 이루자

# 혼자만의 세계를 벗어날 수 없어

꿈의 공간에 나부끼는 사명감
꼭 그럴 필요는 없다
떨어지는 낙엽들이 차곡차곡 쌓여서
무덤을 이루고 흘러가는 강물에 자맥질
꽃피는 시절 누적된 그리움은 어디로 간 곳 없고
쓸데없는 근심 걱정만 차곡차곡 쌓여
마음의 부담은 더해간다
가고 싶어도 가지 못하는 그리운 고향은
마음의 상처만 남기고 여운으로 남았는데
안타까운 사연은 피다 만 꽃처럼
추억으로 남아 미련의 아쉬움만 남는다
속절없이 울어대는 소쩍새, 그리움만 더해 가는데
골목골목 꽃은 피어 아름다운 마음을 장식해 준다
마음에도 꽃은 있었다 화려하게 피어 이웃들과 어울려
흥겨운 시절을 누렸지만 흘러가는 세월에 묻혀버리고
여기 나 홀로 남아 그때 그 시절을 추억하면서
흐르는 강물에 풀잎 뜯어 던지며 아련한 감회에 젖는다
갈고닦은 노력의 결과가 이 정도면 후회는 없다
살포시 눈을 감고 구름 속을 헤매본다
그 속에 무엇이 들어 있기에 마음이 이렇게 편할까
세상이 내 것인 양 우주를 나는 기분이다
우거진 숲속에 자리 깔고 두 다리 쭉 뻗고 누워보면

무슨 연상이 떠오를까
혼자만의 세계를 벗어날 수 없어
여기에 누워 나만의 세계를 가져본다

# 그 옆을 나는 떠날 수가 없다

어느 날 달콤한 궁금증이 머리를 스치더니 하늘로 올라가
구름과 합세하여 흐른다 너를 떠나보내고 궁금증이
풀리더니 또다시 색다른 색채가 물결치듯 흐른다
색다른 공간이 많아 종잡을 수 없을 때 어느 누가 나를
위로해 준다면 나는 안정된 자리에 정착해서 하나의 붐을
이룰 것이다 그렇지 않다면 꿈결 속을 허덕이는 나비가
되어 종잡을 수 없는 길목에서 길을 잃고 헤매일 때
내 옆에 다가와 살짝 끈을 잡아주는 지혜가 될 것이다
수많은 낙엽송 속에서 그중 하나가 나를 알아보고
등을 다독이며 손을 잡고 큰길로 나와 집의 방향을 잡고
인도해 주는 정성 어린 고마운 기쁨을 받기도 했다
꿈은 나에게 전해주는 무의식의 전달이기도 하다
공간을 이탈하고 당황한 마음으로 어딘가를 허덕이고
있을 때 올바른 길로 인도해 주는 길잡이이기도 하다
조용히 서서 누군가를 기다리는 자세로 온 정신을
곧추세우고 눈만 깜박거리고 있는데 내게 살포시
다가와 길잡이가 되어주겠다고 미소 짓는
그 옆을 나는 떠날 수가 없다

제5부

# 삶의 품질을
# 바닥에 깔고

# 별빛처럼 달빛처럼

별빛처럼 달빛처럼
비춰주는 희망의 광장에 서서
꽃그늘 아래 비쳐지는
희망의 꽃들이 내 주위를 서성대며
풍겨주는 향기가 천리까지 퍼져
외로움의 길목에서 벗어나게 하는
오늘의 형태가 반갑기만 하다
마주 잡고 휘어지는 나무 그늘 아래
반짝반짝 다가오는 늘어진 가지들이
손을 뻗어 굵어지는 희망을 안고
숨 쉴 수 있는 기회를 마련해
오늘은 참 행복하다
마법처럼 반짝 빛났다 사라지는
영원한 길이 되지 못하는
형상을 나누어 가지며 행복했던 시절이
하늘의 별처럼 반짝거리며
천천히 다가오는 그때 그 모습을 추억하며
황홀한 정신건강에 일침을 놓는다
나를 붙잡지 마라 아늑하고 깊숙한 숲속에
들어가 무거운 마음 내려놓고 편한 마음으로
삶의 정도를 걸어보리라

# 두 손 모아 응원한다


몸속에 들어간 두 개의 물줄기
혈관 타고 흐르는 핏줄기의 온기에
내 가슴이 따뜻해지는 영광된 나날이 계속되고
나는 피치 못할 괴로움에 오늘 하루가 간다
숨길 수 없는 그리움을 너에게 전할 수 없어
망망대해를 걷는 기분으로 자숙해 본다
갈 수 없는 길을 상상해 보듯이 그리울 때마다
기억되는 환한 불빛이 내 가슴을 적실 때
그리움은 또다시 나타나고 촉촉이 적실 때마다
양 가슴 젖어 드는 남다른 따뜻함이 날벌레처럼
여기저기 묻어나 기억의 실마리를 풀어본다
꽃길처럼 환한 길들이 앞으로 쭉 뻗어 있어
남다른 호강을 누려볼까 했는데 또 다른 이물질이
앞을 가려 숨쉬기 힘든 요지경에 빠져본다
기억할 것은 기억하고 버릴 것은 버리자
색다른 환경에서 산뜻한 취미를 벗 삼아
흥겨운 노래가 저절로 나올 때 남모르게
날뛰는 저 굴뚝새는 굴뚝의 어두움을 감지했는지
마냥 어두운 골목길만 헤매고 있다
갈 테면 가라 길고 짧은 것은 대봐야 알겠지만
그래도 한 자락 사연에 시달리는 우여곡절은 있어
몸부림에 시달리는 경지에 빠져 헤어나지 못하는

너의 거룩한 마음가짐이 필요해
가냘픈 치맛자락을 움켜쥐고 흔들리고 있는
광대한 풍경이 꼭 필요한 것 같아
두 손 모아 응원한다

## 기회를 꼭 붙잡고

현실 목적 달성의 구김살 없는 표현이
이 시대 환경 표현에 어울릴지 모르지만
끝까지 몰고 가는 지구력에 합당할지 모른다
하지만 모든 환경은 꾸미는 대로 어울리고 진열하는
대로 꾸며져 일상생활에 보람 있는 도구가 된다
휘어지도록 허리가 아파 오늘은 도저히 견딜 수가 없어
자연에 굴복하고 마는 서투른 모습을 보여줄 수가 없어
역경을 무릅쓰고 용기 있는 발자국을 남기기 위해
용감한 투사가 되기로 마음먹었다
나를 따르라 따르는 자에게 기회가 있다
따르다 보면 기회가 올 것이니 편안한 마음으로
솔선수범해서 실천하면 앞으로 광영의 날이 비쳐질 것이다
질주하자 질주하면 바른길이 보일 것이다
이 올바른 길을 꼭 붙잡고 달리자 달리다 보면
영광된 앞날이 화관을 쓰고 달려올 것이다
이 좋은 행운을 붙잡고 놓지 말자

집 속에 들어가 무덤의 꽃을 피우고
편안하게 누워 야광의 등불을 밝히고 있다
편안해서 좋다 달빛처럼 밝은 형광등이 내 등을 밝히고
거기에서 흘러나오는 불빛이 우주를 밝히고 있어
만사는 편안하다 밝힐 수만 있다면 밝혀

내 안의 어둠을 대낮처럼 밝혀 거기에서 새어 나오는
불빛이 어둠을 타고 강물처럼 흘러 흘러 마을을 이루게
되면 또 하나의 새로운 마을이 들어설 것이다
곰처럼 순박한 마을 사람들은 익숙한 습관을 버리지
못하고 한 발자국 한 발자국 나아지는 평화로운 습성에
물들 것이다
광활한 벌판에 모닥불처럼 피어오르는
알뜰살뜰한 삶이 공간을 이루고 불빛이 흘러나오는
삶의 한복판에 용광로 같은 불빛이 비쳐질 것이다

# 흐르는 강물처럼 낯익은 풍경

야광의 등불을 밝히고
흐르는 공간의 확장, 내 속에 잠재해 있는
물줄기, 꿈 많은 시절의 욕구불만
흐르는 강물처럼 낯익은 풍경
어설픈 주역들이 일가를 이루는 한 세대의
아픔이 품절되고 새로운 주역들이 한 세대를
장식하는 요지경 속에서 살아남은 자들 몇이나 될까
돌이켜 숨 쉬는 칼칼한 음성들이 아우성치는 살벌한
요지경 속에서 꿈틀대는 벌레들의 집합소
나 거기에 머물고 싶다
쉽지 않은 이력의 역사들이 꿈틀대는 난장판에
몰래 숨어들어 한 일가를 이루고 거역할 수 없는
시대적 상황에 눈물샘이 짓눌려져 망가진다
꿈의 공간 마음의 상처 이룰 수 없는 사연
하찮은 일들이 많아 여기저기 간섭할 수도 없고
조용히 옆집에 놀러 가 라디오를 듣고 있는데
어디서 휘파람 소리가 나를 스쳐 지나간다
눈을 크게 뜨고 꽃길 닿는 데로 스쳐 지나가는데
기필코 바람은 불어 내 앞을 점령하고 만다
바람에 점령당한 나는 요지부동한 자세로
앞길 열리기만 고대하고 있는데 심술궂은 북풍이 도져
나를 송두리째 가둬버렸다 나는 감쪽같이 감옥에 갇혀

안절부절못하고 움츠리고 있는데
수상쩍은 움직임들이 여기저기 붉어져 광활한
벌판을 만들고 있었다

# 삶의 품질을 바닥에 깔고

삶의 품질을 바닥에 깔고 즐기는 사람들
소용돌이치는 바람 속에서도
살아남은 짓궂은 인연들
얼마나 시일이 가야 그 바람 잠재울 수 있을까
뭉개진 왼쪽 다리가 걸음을 못 걸어
절뚝거려도 그 안에서 즐기는
고독한 사람이 될 것이다
행여 나에게 짓궂은 질문을 하지 말라
받아주지 않을 뿐만 아니라
챙겨주지도 않는다 길게 늘어진 옷자락 붙들고
통사정해 봤자 이미 건너간 강물이다
기우뚱거리는 발길이 아쉬워 피어오르는
꽃 무더기 한 아름 안고 그 자리에 서서
통곡해 보지만 나에게 도달한 것은 아무것도 없다
행여 질세라 마음 졸이며 쏜살같이 달려가지만
내게 남는 것 허무뿐이다
세상사가 다 그렇고 그런 것 앞질러 소리쳐봤자
되돌아오는 것 후회 뿐
이미 강 건너간 강물아 쉼 없이 달려가봤자
남는 것 허무뿐이니 게 섰거라 서서
먼 산 쳐다보고 한숨 한번 돌리고 나면
텅텅 빈속이 하늘 가득 채워질 것이니
구름 한 번 쳐다보고 한숨 한번 쉬고

## 영원한 기쁨으로 삼고 싶다

꿈길 따라 흐르는 저 매력쟁이
오늘따라 고맙게만 보인다
고마운 마음 씻을 수 없어 안절부절하고 있는데
갑자기 흘러가는 강물소리, 흐느끼는 울음소리로만
들리는데 내 마음의 상처는 다스려지지 않는다
행여 다칠세라 근심 초심으로 색다른 공간을
생각해 보지만 나름대로의 역할이 있어
가다듬지 못하고 살짝 밖으로 나와 보니
세상이 반겨준다
피고 지는 것은 각자의 나름이지만 거역할 수만은 없어
움츠리고 있는데 흐르는 바람줄기에 매달려
몸부림치는 안타까운 사연을 볼 수 있었다
슬픈 가슴을 품고 안정된 자리에서 거역할 수 없는
이유가 뚜렷하기에 감정을 다독여 바라보고 있었다
보기가 좋아서 바라보고 있었는데 이유가 될 수는
없겠지만 고마운 마음 한 줄기 바닥에 털어놓고
서성거리고 있는데 멀리서 나를 바라보는 흔적이 있어
나는 웃음으로 반긴다
나를 안아주고 달래주는 누군가가 있어 나는 행복하다
이 느낌을 오래오래 간직해 영원한
기쁨으로 삼고 싶다

# 희망은 솟아오른다

낡은 혀처럼 공간의 위치를 묻지 말아라
숨길 수 없는 기억들이 되살아나 마음의 불편을
호소할 데가 없다
기억처럼 아픈 흔적, 되살릴 수 없어 고민하는
현실 속에서 꿈꾸듯 살아나는 과거의 일들이
온몸을 휘어잡고 춤추듯 일어나는 현실의 풍경은
가냘픈 소녀의 허리처럼 고단한데 돌이킬 수 없는
과거들이 되살아나 오늘도 하염없는 눈물만 흘린다

걷잡을 수 없이 쏟아지는 폭포수 같은 잡념들
한쪽으로 몰아붙이고 기억할 수 없는 것들만 만물의
영장처럼 솟아오르는 심장의 한복판에 숨길 수 없는
추억들만 고스란히 간직한 현실의 상태가 아쉽기만 하다
버려라 버릴 것은 버리고 담을 것은 담아 알뜰살뜰 모아온
집념의 한구석에 옛집처럼 버티고 서서 그리운 것들만
가려서 만물의 추억이 되도록 꾸며보자 그리하여 슬플
때나 기쁠 때 풀어 생의 양념이 되도록 재미있게 장식하자

행여 다칠세라 조심하는 부모님의 자녀 사랑 한가득 넘쳐
흘러도 기쁘기만 한 현실 앞에 모두는 행복하다
국화꽃이 피어도 애틋하고 진달래 개나리가 피어도 알뜰하고
열거할 수 없는 좋은 일들이 줄 서서 기다려도 흥미롭다

하지만 다 저장할 수 없어 가슴 한쪽은 허전하기만 하다
꽉꽉 채워서 기쁨을 즐기는 현실 앞에 거역할 수 없는
일들이 남발해도 봄은 오고 기억은 살아나고
희망은 솟아오른다

# 길게 늘어진 옛길을 걸어간다

사모곡의 기틀에 매달려 오늘도 춤을 춘다
매일 쏟아지는 눈물이 서러워 흥미진진한
이력서를 제출해 색다른 희망을 품어본다
지칠 대로 지친 삶의 현장에서
누구 하나 돌보지 않는 기적 같은 현실
뚜벅뚜벅 걷는 내 가슴에 비는 내리고
쉼 없이 허덕이는 한숨 소리 모진 숨을 몰아쉰다
하염없는 길이 여러 갈래로 나누어져
타오르는 불빛을 휘어 감고 저절로
나부끼는 바람 소리 만물의 넋을 달랜다
하소연 못 하고 참고 있는 저 나무는
어떤 형식의 태도를 가졌기에 날마다
눈물 흘리며 갸우뚱 몸을 흔들고 있는가
가엾어라 구태여 불쌍한 척 안 해도
만물의 영장은 다 알고 있는데 피는 꽃처럼
다정하게 활짝 웃으며 신들린 사물처럼
아장아장 걸어가고 있는가
길게 늘어진 버들잎보다도 더 얄캉한 모습이
눈에 거슬려 나는 한숨 한번 몰아쉬고
하늘 한번 쳐다보고 거리낌 없는 발길을 몰아
고향 땅에 닿는다
옛 사연은 다 없어지고 낯선 풍경만 눈앞에

가물거려 타관처럼 무표정한 감성에 젖고 만다
옛 추억은 다 어디로 갔나 나에게 볼품
사나운 풍경만 비춰주니 가냘픈 소리만 들려
참 감개무량하다
기억할 수 있는 것만 기억하고 버릴 것은 버리자
속삭이며 길게 늘어진 옛길을 걸어간다

# 행복한 나날을 보내고 싶다

활기차고 싶다
이제나저제나 때를 기다리지만
활활 날아오르는 구름에 실려 날아가고 싶다
황금빛 날개 달고 기다리는 목적 없으면
그 자리에 서서 무엇인가 생각하며 침묵하고 싶다
너와 내가 같이 못 가면 나 혼자라도 날아
어디론가 가고 싶다
피어오르는 꽃처럼 활짝 웃으며 목적지가 없으면
길을 만들어 가다 피곤하면 쉬었다 가고
힘이 생기면 또다시 걸어가고
길가에 흐르는 냇물 따라 흐르고 싶다
가을빛이 좋아서 가을에 살고 싶고 주렁주렁 열리는
열매가 좋아 문을 열고 들락날락하다가
그 속에 잠들고 싶다
잠이 깨면 쏜살같이 나와 문을 닫고 그 열매
보호하고 싶다 생각은 자유다 자유 속에 피는 꽃
활짝 웃는 얼굴로 세상을 밝히고
그 속에 들어가 행복한 나날을 보내고 싶다

# 내 공간을 만들자

흐르는 공간을 버릴 수 없어
달빛 어린 밤, 떠날 수 없는 길을 떠나
어느 부둣가에 머무는데 느닷없는
휘파람 소리에 눈을 크게 뜨고 주위를 살핀다
갈 수 없는 그곳에 가고 싶다
항상 울렁대던 바람은 간 곳이 없고
모닥불처럼 피어오르는 갈대꽃들만 피어
주위의 환경만 끌어모으는데
나는 오늘도 쓸데없는 구상만 피워 올려
발자국은 후퇴하고 있다
내일이면 희망이 솟아오르겠지
안절부절 발버둥 쳐 보지만 묘안은 없다
없는 길을 가는 것도 하나의 모험이다
색다른 길을 찾아 하루 종일 헤매다
집에 와보니 집은 영원한 내 안식처다
오래 머무를 수 있는 공간이 있어 이렇게
마음이 편한데 난데없는 잡음들이 쳐들어와
마음의 안식처를 훼방 놓는다
갈 수 없으면 가지 말자 적당한 곳에
짐을 풀고 내 공간을 만들자
내일의 휴식을 위해

# 마음속의 꽃

마음속의 꽃, 그 꽃을 피우기 위해 심적 고통이
심했다 꽃 중에 꽃 마음의 꽃을 다양한 모양으로 펼쳐
놓아 다양한 장면의 형상화는 꽃의 진실을 내면을 통해
알아볼 수 있는 좋은 기회가 된다 모든 문을 열어놓고
오로지 이 작업에 충실할 수 있도록 노력한다

기회는 행복을 물어다 주는 참다운 진실성을 보유하고
있는 이력서 같은 존재다 존재에 기댈 마음은 없다
기댄다는 것은 의타심을 속출하는 못된 버릇의 산물이다
단정 지을 것도 부정할 것도 없다 뜻이 있으면 마음이
가는 것 무심코 내뱉은 말에 발등 찍힌다는 속설에
현혹되지 말고 든든한 마음가짐에 더 무게가
실리도록 다짐한다

길이 멀어서 마음의 허락을 받지 못하고 묵묵히
서성이고만 있는데 내 오른손을 잡아주는 신념 깊은
질책에 눈을 크게 뜨고 고개를 숙인다. 신념 깊은
이력의 달빛, 아름다운 빛에 눈부셔 당황하고 있는데
저쪽 모퉁이에서 불어오는 바람에 나는 흠뻑 젖었다
아 시원한 바람 내 온몸을 감싸주는 고마운 바람
이 바람 속에 잠시 머물고 싶다 날개 펴
온 우주를 여행하고 싶다

# 희망을 안고 달려가는 저 보랏빛 연인들

강 끝에서 불어오는 바람 소리
심줄 잡아 태어나고
우중에 귀가하는 사람들 발길은
물결 속을 헤맨다
피고 싶어도 피지 못하는 말 못 한 사연들을
가슴 깊이 간직하고 태연한 채 늡늡한
저 사람들의 심중을 헤아려 볼 수만 있다면
행복한 결과물이 될까
한 가닥 희망을 안고 달려가는 저 보랏빛 연인들은
누구를 위한 희생도 행복도 아니다
달갑지 않은 기억들만 무수히 달고 길을 걷는
알뜰살뜰 부모의 사랑만 담뿍 받고 자란
말 못 할 사연들만 가슴 속에 묻고 허덕이다가
결국 부모의 품에서 잠이 든 자녀들의 속사정을
부모는 알까
누구나 각자의 사연은 있는 것 누누이 말할 수 없는
슬픔을 간직한 채 태연한 척하는 사람들은
하소연할 곳이 없어 바닥에 대고 헛기침만 쏟아버리는
슬픈 인생이 어디든 있다
숨을 죽이고 명상하는 고상한 자세의 저 모습도
슬픔에 가득 찬 표정으로 무엇인가 찾는 안타까운
심리 상태를 감지할 수 있다

# 가면극이 마음 편할 수는 없다

희망 속에 빛나는 그늘, 그늘 속에 빛나는 희망
많은 오랑캐꽃들이 피어서 우주를 건설하고
건설 속에 잠드는 어여쁜 아이들의 빛나는 노력이
필요하다 잠결 속에 일어나는 많은 일들이
물결처럼 흘러 어디론가 가버리고 남은 공간은
텅텅 비어 헛것들의 놀이터가 되었다
착실한 삶들이 밀폐된 공간에 묻혀버리고
살아남은 것들은 떠돌이들뿐이다 삶의 가치가 무슨
재미가 있을까 구름처럼 안개처럼 흘러 제멋대로
떠도는 자유는 얻었지만 피지 못하고 사라지는
꽃들의 방향이 궁금해 오늘도 하염없이 먼 산만
쳐다보며 그리움을 삼킨다

검은 날개 달고 회전하는 보랏빛 가을
그 길이 멀지만 가깝게 지낼 수 있는 첨단 기술을
보유하고 있는 한국에 산 것이 행운이다
길고 짧은 끈을 달아 배 띄어놓고 마냥 기쁘기만 하는
요즘 인적 드문 산속에 들어가 묵념하고 싶다
누가 내 속에 들어와 채찍질하며 갈 길을
재촉하지만 힘을 다 소모해 버린 이 시간이
허공에 띄워 놓은 배 같아서 불안한 마음에
소리 한번 크게 질러보지만 메아리만 허공 속에

숨어버리고 남는 것은 없으니
꽃 피는 시절이 그리워 마냥 아쉽기만 하다
가면을 둘러쓰고 모닥불 앞에 둘러앉아
신난 노래를 부르며 집으로 돌진하는 뭇사람들의
가면극이 마음 편할 수는 없다

# 마음의 공간에 힘을 불어 넣어

마음의 공간에 힘을 불어넣어
용기를 솟아오르게 하는 것이 힘이다
속절없이 쏘다니는 무질서 속에 힘겹게
오락가락하는 것보다 공기 좋은 강산에 들어가
몸과 마음을 단련시키는 일이 우선 목적이다
강 건너 마을 숨 쉬는 아가씨 숨 쉴 때마다
기러기 한 마리 날아가는 모습을 보고 신기한 매너를
만들어 내 하루의 일거리를 찾았다고 즐거워하는
모양새가 기특해 두고두고 꿈속에서도 연상되는
오랜 세월의 누적된 일기의 한 토막이다
수줍어 날뛰는 숫처녀의 아리송한 장난기 어린 태도가
신기하도록 사랑스러워 눈을 지그시 감고 한참이나
명상에 잠긴다 스스로 잠이 들어 한참 자고 있는데
가을꽃 낙엽이 지나가는 행인의 머리에 뚝뚝 떨어져
동행하는 모습이 한결 가볍다

멀리서 들려오는 구성진 노랫가락이 슬그머니 다가와
흥을 돋우는데 나뭇가지에 앉아 있는 새들도 즐거운지
고개 끄덕거리며 저희들끼리의 암호로 신호를 보낸다
즐거운 시절은 가고 어두운 시절에 밤새 흐느끼던
씨앗 뭉치들이 날이 밝자 들판에 몸을 풀려고
분주히 움직이고 있다 농촌의 아침 풍경은 신비롭다

부대끼며 살아온 과거의 일들이 추억처럼 다가와
흔들다가 감쪽같이 사라지고 앞날이 밝은
희망찬 날이 무럭무럭 자라나 볏단처럼 쌓이는데
불쑥 앞으로 다가선 물동이 이고 가는 여인들
뒷모습이 아름다워 한참이나 바라보고 있는
눈에는 눈물이 고인다

# 이 세상 끝까지 영원하도록

그것은 하나의 무게중심에 의해 이루어지는
비극적 상황이다
그렇게 알뜰한 상황들이 펼쳐지는
객관적 입장에서 살펴볼 때
현실적 상황들은 관심도 없이 자기들끼리의
모닥불처럼 피어오르는 무의식의 상념을 객관화시켜
오늘의 사태를 불러일으키는 커다란 목적 인식 없이
행해지는 습관적 관행이다
이렇듯 불빛에 빛나는 안개 너울의 뭉게구름처럼
덩실덩실 춤추는 가냘픈 여인의 뒷모습이 아련한
추억으로 인식의 샘에 물결친다
갈 수 있을 때까지 가라 갈 수 없을 때는 노력하라
노력은 우리 인간이 할 수 있는 최대의 장점이다
피어날 듯 피어나지 못하고 멈출 듯 멈추지 못하는
인생길이 고단위의 순환 길이라면 우리는 합심해서
이 고난을 뚫고 어우러지는 것이 최선의 방법이다
알뜰한 삶의 뒷면에 펼쳐지는 궁색한 내면을
보여줄 수 없어 먼 산을 쳐다보는 순간 떠오르는 묘책이
눈앞에 어른거리는데 잡을 수도 없고 멀리할 수도 없어
속앓이만 앓는다 꿋꿋한 마음의 중심을 잡고 피어날 수
있는 모든 것들을 풀어 도움을 청하라 상상 이외의 효과가

빗발치면 몸을 피하라 안전한 곳에 정착하여 안전한
삶의 영광을 누려라 행복한 나날이 닥쳐올 것이다
이 세상 끝까지 영원하도록

● 해설

# 득음의 깊이로 쌓아 올린 서정의 집 한 채

– 정다정 시집 『침묵의 난간에 서서』의 시세계 –

정 유 지
(문학평론가, 문학 박사)

## 1. 마음의 문(門)을 열고 침묵의 소리를 듣는다.

"시는 언어를 증가시키고 언어를 창조해 내고, 언어에 가치를 부여하고, 언어를 사랑하는 것, 그것이 말하려는 의식이 고조될 수 있는 활동들이다."

바슐라르가 『몽상의 시학』에서 강조한 말이다. 시가 무엇보다 언어에 대한, 언어로 이루어지는 활동임을 강조한다는 측면에서 나온 말이다. 몽상은 마음의 결정체를 담보하고 있는 거대한 우주와 대면하고 있다. 의식이 증가할수록 시의 크기 또한 담대하다.

정다정 시인은 여성 특유의 섬세한 감성을 바탕으로 독특한 빛깔의 자기 철학과 사유의 세계를 구비한 작가로 알려져 있다. 또한 2007년 계간 『창작 21』로 등단한 중견 시인이다. 시니어 독자층도 확보된 탄탄한 여류작가로 정평이 나 있다. 그동안 왕성한 창작활동을 통해 『분열하는 달』 『고독을 품고 사는 시니피앙들』 『낯익은 풍경』 등 세 권의 시집을 발간했으며, 특히 인지도 있는 제11회 세계문학상 시 부문 본상을 받은 역량 있는 현역 작가로 평가된다.

"누적된 피로가 풀리고 영감이 떠오른다 / 밀렸던 사연들이 고개를 들고 / 잊혀진 기억이 깃발을 든다 / 새로운 소생이 얼굴을 내밀고 / 끊임없는 노력에 용기가 솟고 힘이 넘쳐 흐른다 / 달리자 지는 해를 뒤로하고 뜨는 해를 향해 / 끊임없이 뛰자 너나 할 것 없이 / 우리 모두는 시작의 대상이다 허덕이지 말고 / 한눈팔지 말고 늘 희망의 기로에 서서 / 실행의 대상이 되자"

인용된 것은 정다정 시인의 「자서」로 밝힌 자신의 자화상이라 할 수 있다. 담담한 어조로 자신의 강한 의지를 표출하고 있다. 정다정 시인은 침묵의 소리를 고를 줄 아는 '득음(得音)'의 경지에 도달한 작가다. 득음은 노래나 연주 솜씨가 매우 뛰어난 경지에 이르는 것을 말한다. 즉 소리의 이치와 원리를 깨쳐 궁극에 이르는 것을 뜻한다. 소리의 시작은 침묵에서 시작해서 침묵으로 끝난다. 마음의 문을 열어야 비로소 건실한 소리를 낼 수 있다. 득음은 나 자신이 발화자가 되어 경지에 오르는 것과, 나를 포함한 상대방 이야기를 잘 이해하는 수화자의 경지에 오르는 것 두 가지의 경우를 들 수 있다. 건실한 소리는 마음 안에서 발화의 씨를 뿌려, 그 기운을 배

꼽 아래 모으게 된다. 육체의 발성 기관을 통해 독특한 개성의 소리로 승화시키는 과정을 거친다. 몸이 쇠하게 되면, 건강한 소리도 그만큼 약하게 된다. 내 마음 안에 생성된 침묵의 소리는 인간과 인간, 인간과 우주, 인간과 자연에 이르기까지 소통하는 중심체가 된다. 판소리의 대가들은 폭포를 득음의 장소로 잡고, 소리를 익혔다. 거칠 것 없이 샘솟는 물소리를 따라잡는 소리의 최고 경지를 터득한 것이다. 음정이 불안하거나 고음이 불안하다면 득음의 경지를 더 익혀야 한다. 굵은 음이 밑바탕에 깔리고 고음으로 올라갈수록 시원하고 맑고 청아한 소리가 터져 나올 때, 득음의 경지라고 할 수 있다. 또한 '고음의 단계에서 흔들리지 않고 계속 지속할 수 있느냐?' 여부도 중요하다. 정다정 시인의 탄탄한 작품세계는 감정의 기복이 흔들리지 않고, 오히려 감정의 클라이맥스에서는 더 맑고 고운 시적 목소리를 구사하고 있다.

정다정 시인의 작품세계는 한마디로 '잘 담수 된 고독의 호수'라고 말할 수 있다. 또는 '득음의 깊이로 쌓아 올린 서정의 집 한 채'로 달리 표현할 수 있다. 시인의 시적 세계는 크게 두 가지로 요약할 수 있다.

첫 번째, 수십 년간 쌓아온 시적 내공으로 다져진 휴머니티를 담보한 가운데, 인간 고뇌의 자화상을 극복하는 고독의 무게를 제시하고 있다. '이정표'나 '우주' 같은 시적 소재를 찾아, 자아 성찰과 자기반성의 정제된 시적 울림과 차분한 어조로 전개된 이미지 속에서 철학적 사유를 구가하고 있다.

두 번째, 그리움의 전령사답게 고독의 완결판을 그려내고 있다. 시는 내 마음의 결정체이고, 만병통치약이고, 우주임을 역설하고 있다. 시인에게 시는 곧 마음이며, 삶의 정화작용이며, 인생의 꽃이다. 시를 쓰는 시인이 왜 위대한가를 자신 스스로 확인시켜 주고 있다.

  자신의 깊은 마음의 소리를 들을 수 있을 만큼, 자기 자신에 대한 존재적 자각이 매우 필요하다. 침묵의 소리를 들을 줄 아는 자는 경청의 대가가 되고, 이어서 득음의 고수다. 진정한 득음의 고수는 경청의 대가이기도 하다. 정다정 시인도 경청의 대가이고, 득음의 고수다. 시집『침묵의 난간에 서서』을 통해 내면의 소리가 진정한 중심임을 어필하면서 느루 물든 잔잔한 달빛을 피워올리고 있다.
  시인은「이정표」를 통해 익어가고 있는 인생의 정점을 노래하고 있다.

> 휘날리는 낙엽 속에 흐르는 물결 속에
> 속절없이 굴러가는 내 이정표들
> 일정한 곳에 자리 잡고 누워서
> 하늘을 쳐다보니 뜬구름 나그네 되어
> 정처 없이 흐른다
>
> 내 실속 없는 하루의 일과가
> 이정표 없는 뜬구름처럼 나부끼다
> 흩어지고 가냘픈 여인의
> 숨소리가 들리는듯하더니 가라앉고
> 속절없는 나루터에서 누구를 기다리다
> 사라지는 바람 소리 귓전에 달고

달린다 종점에 이를 때까지

갈대가 나부끼는 넓은 들판에
서서 손을 휘젓는 저 갈대꽃들은
누구를 기다리는 그리운 마음인가
보살핌도 없이 홀로 떠돌아다니는
저 외기러기는 얼마나 아픔이 컸기에
망망대해를 홀로 나는가

끝은 어디쯤인가 도망가는 객들의 발걸음이
늦어질 때마다 몰아치는 바람 소리
소나무 숲에 바람 소리 멈추고
새소리마저 숨죽이며 잦아드는데
객의 발걸음은 한결 가볍다

―「이정표」 전문

 이정표를 통해 익어가고 있는 인생의 정점은 마치 길을 걷는 여행자가 중요한 전환점을 지나며 한 걸음씩 나아가는 것과 같다. 이정표는 그동안 걸어온 길을 되돌아보며, 이제 다가오는 미래의 방향을 알려주는 중요한 역할을 한다. 지나온 시간이 쌓여 그 사람만의 독특한 인생의 궤적을 이루고, 그 궤적은 단지 과거의 경험뿐 아니라 앞으로 펼쳐질 가능성과 잠재력을 내포하고 있다. 인생의 정점은 고요한 곳에서 기다리는 것이 아니라, 매 순간 결정적인 순간들을 지나면서 조금씩 다가오는 것이다. 이정표는 외적인 목표만을 나타내는 것이 아니라, 내면의 성숙과 깨달음, 그리고 자신만의 고유한 가치가 무엇인지 이해하게 되는 과정이다. 특히 삶의 중요한 전환점에서, 우리는 자신이 누구인지, 무엇을 위해 살아가는지, 어떤 방향으로 가야 하는지에 대한 통찰을 얻을 수 있다. 그 정점에 다다랐을 때, 그곳은 단순한 목적지가 아니라 그간의 경험과 배움을 통해 성숙한 자아가 거듭나는 곳이다. 이제 더 넓은 세상과의 소통이 가능해지고, 지나온 길에서 얻은 지혜를 바탕으로 더 나은 선택을 할 수 있는 힘이 생긴다. 그렇게 우리는, 때로는 좌절과 실패를 통해, 또 때로는 행복과 성취를 통해, 한 걸음씩 익어가며 인생의 정점을 향해 나아간다. 이정표의 묘미를 살리면서 인생을 노래한 휴머니티 미학이 돋보인다.

시인은 좋은 습관은 화목의 공간 미학을 만드는 소중한 자산임을 노래하고 있다. 「만병통치약」에서 확인해 본다.

길들여진 친구처럼 다정한
이웃들의 집합소 어느 마을에 피다 만 꽃들이
있어서 편안한 하루가 있었다
거짓말같이 소복이 고인 웃음들이 늘 지상에 쌓여있어
사람들의 얼굴은 항상 행복했다
어느 날 느닷없는 침묵이 골고루 습득된 관습들이
좋은 습관을 길러 화목한 마을 공간을 메웠다
그렇게 질서정연한 인연들이 서로 공감하여 사회질서가
안정이 되고 피고 싶어도 피지 못하는 인연들이 있어
서로 협력하고 협조하여 화목의 장을 이뤘다
갈대꽃들이 만발한 들녘에 새들이 모여들고

질서정연한 푸른 풀들은 살가운 새들에게
가슴을 열고 안겨보라고 한다
이렇듯 자연들의 화목은 우주를 열고 기초적 터전을
마련하는데 한쪽에서는 계곡물을 풀어 자연의 기품을
자랑하고 있다
돕고 돕는 우호 관계가 어우러진 자연 공간에서
인간의 꿈은 무한한데 사소한 일에 몰두할 수 없어
꼬박꼬박 밤을 새워가며 인간 본연의 자세로 되돌아간다
가야 할 길이 많다 어느 길을 선택하든 올바른 길에
치중하다 보면 벌써 내 앞에 서 있다
이 화려한 길을 마다하고 다른 길로 갈 수는 없다
어느 길을 택하든 언제나 올바른 길은 정해져 있다
이 길은 순수하고 행복한 길이다
뜻만 있으면 이루어지는 만병통치약이다

―「만병통치약」 전문

  시인이 노래하는 좋은 습관은, 마치 화목의 공간을 만드는 소중한 자산과 같다는 말은, 우리가 일상에서 지속적으로 실천하는 작은 습관들이 결국 큰 변화를 만들어 낸다는 의미다. 이러한 습관들이 쌓여 사람들 간의 관계를 더 풍요롭고 조화롭게 만드는 것처럼, 우리 자신의 삶도 더 나아가고 풍성해진다는 메시지가 담겨 있다. "만병통치약"이라는 표현은, 한 가지 방법이나 원칙이 모든 문제를 해결할 수 있다는 의미에서, 좋은 습관이 가진 강력한 힘을 상징한다. 여기에 '뜻만 있으면 이루어진다'는 말은, 그만큼 의지가 중요하고, 우리가 원하는 변화는 결국 자신이 어떻게 살아가고 어떤 마음으로 행동하는지에 달려 있음을 시사한다. 좋은 습관은 단지 물리적인 행동을 넘어, 마음과 태도에서부터 시작되는 것임을 강조하는 셈이다. 시인의 시적 태도는 유지경성(有志竟成)의 미학과 연결할 수 있다. 유지경성은 '뜻이 있으면 마침내 이루어진다'는 의미로, 우리가 어떤 목표를 가지고 의지와 노력을 다하면, 그 목표를 반드시 달성할 수 있다는 의미이다. 이는 "만병통치약"처럼, 좋은 습관이나 일관된 노력이 결국 우리에게 커다란 변화를 불러올 수 있다는 점에서 잘 부합한다.

유지경성의 정신은, 우리가 목표를 향해 꾸준히 노력하며 좋은 습관을 쌓아가는 과정에서, 언젠가 그 결과를 맺을 것이라는 확신을 준다. 따라서, 좋은 습관은 단순히 하루하루를 잘 사는 것을 넘어, 우리가 원하는 바를 이루는 데 중요한 열쇠가 되는 것이다. 유지경성은 바로 이런 작은 실천의 축적이 결국 큰 성취를 만들어 낸다는 훌륭한 메시지를 잘 전하고 있다.

시인은 자연의 순환에 순리에 따른 질서의 섭리를 설파하면서, '뜻이 있으면 마침내 이루어진다'는 유지경성의 만병통치약을 세상에 선물하고 있다.

시인은 고독의 향기를 노래한다. 「고독을 즐기는 고독한 밤에」를 통해 확인할 수 있다.

> 내 주어진 목적이 밝혀지는 날
> 달빛은 유난히 밝아 주위를 환하게 밝혔다
> 어쩌다 공간이 생기면 달빛처럼 밝은 낮달에
> 치우쳐 하염없이 눈물만 흘렸다

    고독한 사람끼리 고독을 즐기는 고독한 밤에
    어렵사리 잡아 든 피사체 한 토막 가슴에 안고
    울부짖던 그 시절 눈시울이 붉어져 울 수도 없는
    처지에 놓여 하소연도 못 하고 기억만 떠올라
    이리저리 머리 흔드는 아득한 밤에
    길을 물어오는 바람 소리 곁에 두고 헛생각만 하는
    내 자신이 처량하여 오던 길 되돌아가지만
    발길은 자꾸만 미끄러지고 가벼운 발자국만 소리 없이
    흔적을 남긴다 앞에 보인 전봇대가 자꾸만 흔들리는데
    중심을 잡지 못하고 곤두박질치는 몸통 기댈 곳 없어
    허공만 휘젓는다 발부리에 붙은 잔잔한 미소도
    하염없이 고개만 끄덕거리는데 주저앉을 수도 없는
    이 거리에서 심장을 움켜쥐고 오열을 해보지만
    어느 발길 하나 관심을 두지 않는다
    숨 가쁜 희열을 가슴에 품고 나는 나대로의 기쁨을
    느껴 보지만 보잘것없는 하나의 임기응변에
    불과해 스스로 즐거움을 느끼며 오늘의
    이 자리가 내 생애의 최고라 생각하고 마음을
    다스려 만족의 틀에 갇히고 만다

―「고독을 즐기는 고독한 밤에」 전문

  인용된 작품은 고독이란 주제를 중심으로 깊이 있는 철학적 성찰을 전개하는 시라고 평가할 수 있다. 시인은 고독을 단순히 외롭고 고통스러운 상태로 묘사하지 않고, 오히려 그것을 즐기며 자기 성찰과 내면의 진실을 찾는 과정으로 제시한다. 동시에 고독을 통해 삶의 본질, 인간 존재의 의미, 그리고 자신과의 소통을 탐구한다. 고독은 인간 존재에 내재한 필연적인 조건이기도 하며, 철학적으로는 인간이 타자와의 관계 속에서 어떻게 자아를 인식하고 형성하는지에 대한 중요한 질문을 던진다. 고독을 단순히 타자(他者)와의 단절로 보지 않고, 그것을 자기 자신과 깊은 대화로 재생시키고 있다. 고독 속에서 인간은 외부 세계와의 상호작용을 잠시 멈추고, 내면의 소리를 들으며 자신을 다시 발견하고 있다. 이는 실존주의 철학에서 제시된 '자기 존재에 대한 성찰'과 연결된다. 일찍이 사르트르나 카뮈는 고독을 '인간이 자유를 느끼고, 스스로 선택과 결정을 통해 존재의 의미를 찾는 중요한 순간'으로 보았다. 고독 속에서 자신을 발견하는 과정은 인간 존재의 불완전성과 모순을 인식하는 과정이다. 시인은 고독을 통해 자신의 약점과 결핍을 체득하면서, 그것들을 수용하고 받아들이는 과정을 반복한다. 이와 같은 성찰은 '존재의 불안'을 인식하고 그 속에서 의미를 찾으려는 실존주의적 접근이라 할 수 있다. 인간은 고독을 통해 자신이 존재하는 이유, 삶의 목적에 대해 생각하게 되며, 고독은 그런 철학적 탐구의 출발점이 된다. 시인은 고독 속에서 내면의 목소리를 듣고, 존재의 의미를 찾으려는 의지를 다짐하는 모습을 보여준다. 고독은 그 자체로 인간 존재를 이해하는 중요한 열쇠가 될 수 있다. 아울러 인간이 진정한 자기 자신을 만나는 중요한 순간임을 시인은 어필하고 있다.

시인은 아름다운 감성 코드를 잔잔하게 수놓고 있다. 「갈색 구두를 신고」를 통해 확인할 수 있다.

갈색 구두를 신고 내게로 달려오는 환상의 뿌리
나는 감당할 수 없어 살짝 몸을 비틀었다
하얀 구름과 대비를 이루는 이 언덕길에
걷잡을 수 없는 황당한 일이 벌어지고 있다
교감할 수 없는 뿌리의 근육 나는 뿌리칠 수 없어
메마른 삶을 사는데 느닷없는 풀피리 소리에
신경이 곤두세워 많은 시간을 허비하고 있었다
그렇게 알뜰한 삶들이 나몰라 라고 팽개쳐 버리고
도망치듯 날아가는 꼴이 보기 싫어 억지 하품을 하며
머뭇거리고 있는데 느닷없는 새소리가 들려
나는 황당함에 물들고 있었다

가을빛이 이렇게 신선한 줄 몰랐다
스쳐 가는 불빛에 정신을 팔고 있는데
슬피 우는 귀뚜라미 소리가 메마른 내 감성을 돋군다
이런 구슬픈 소리들이 깊숙이 파고드는 마음 한
복판에 나도 모르게 날뛰는 기쁨들이 있어
오늘 하루의 목적 달성은 이루어졌다
맑게 타오르는 모습이 눈앞에 훤하다
알뜰살뜰 품어온 사연들이 모여서 하나의 이야기가 되고
지금까지 품어온 슬픔들이 강렬한 태양에 눈 부셔
자리를 잡지 못하고 들떠 우왕좌왕 허덕이는데
내 눈은 한 치 더 밝아 빛바랜 추억이 된다

—「갈색 구두를 신고」 전문

인용된 작품은 가을의 정서를 배경으로 한 시로, 시인은 그 묘사 속에서 감성적이고 철학적인 사유를 펼친다. 가을은 일반적으로 변화와 끝, 그리고 그로 인한 고요함을 상징하는 계절이다. 그 고요함과 아름다움을 사유의 장으로 삼아, 인간 존재와 삶의 의미를 성찰하는 사색의 시간을 만들어 내고 있다. 갈색 구두는 이동과 여행을 뜻하는 매개체다. 인용된 작품 속에 등장하는 구두는 단순히 신발을 의미하는 것이 아니라, 삶의 여정, 또는 시간이 흐르며 지나온 길을 나타내는 상징으로 해석될 수 있다. 갈색은 가을의 색을 반영하며, 자연의 색깔과 삶의 여정 속에서 느껴지는 유한함과 아쉬움을 표현한다. 구두를 신는 행위는 어느 정도의 결단을 나타내며, 그 길을 걷는 과정에서 삶의 의미를 발견하려는 시도이기도 하다. 시인은 시간의 흐름을 체험하고 그것을 통해 존재의 의미를 설정하고 있다. 시간이 지나며, 자연의 변화와 함께 우리는 계속해서 '이동'하는 존재임을 깨닫고 있다. 이는 허무주의적 관점에서의 존재론적 물음으로, 시간의 흐름 속에서 무엇을 추구하며 살아야 할지에 대한 자각을 하고 있다. 시인은 '시간을 어떻게 맞이하고, 지나온 길을 어떻게 돌아보며, 현재를 어떻게 살아갈 것인가?'에 대한 깊은 사유를 구가하고 있다.

　시인은 끝없이 성찰하는 내면과 마주한다. 「시는 내 마음의 결정체」에서 확인할 수 있다.

　　시는 내 마음의 결정체
　　결국 피지 못한 사연으로 남는다
　　함몰된 육체가 아장거리며 걸어 나와

마음의 상처를 다스리지 못하고
길게 뻗은 산들의 길이가 우주를 덮는다
한들 내 마음속 비어 있는 공간을 채울 수는 없다
만물의 영장이 기를 펴지 못하고
수그러드는 고갯길 어쩌면 그렇게 해서라도
활짝 펼 수 있는 기회만 얻는다면
이 거친 세상 막다른 골목에 발을 내딛지는
않을 것이다 기회가 오더라도 있는 대로
다 써버리면 다음 기회에 보상을 받지 못한다
행운은 저절로 오늘 것이 아니라 다음 기회에
점을 하나 찍는다면 주어진 책무는 다 하는 것이다
홀가분한 마음으로 길을 걸어도 발은 무겁고
다 닳아진 신발 끈을 되묶어 봐도 기회는 오지 않고
꿈들은 피어서 어디론가 흔적을 감추고
망설이다가 길을 찾지 못하고 허덕이는데
어디서 스치고 지나가는 휘파람 소리
내 귀를 곤추세워 눈을 크게 뜨게 한다

—「시는 내 마음의 결정체」 전문

  시인은 시를 창작하는 과정에서 끊임없이 자기 자신과 마주하며, 그 내면의 공간을 채우고 정리하는 길을 모색한다. 시인이 가슴에서 시가 태어난다는 것은 단순한 외부 세계의 묘사를 넘어, 시인의 마음속에 존재하는 다양한 감정과 생각을 드러내는 '결정체'로 볼 수 있다. 시인은 시를 통해 자기 내면을 형성하고, 그 과정을 통해 자신의 존재와 감정의 복잡함을 풀어내려는 극적 시도도 한다. 창조적 상상력을 바탕으로 시를 창작하는 것은 단순히 언어의 형태를 빚는 일이 아니라, 자신이 경험한 감정, 생각, 그리고 욕망 등을 내면에서 끄집어내어 그것을 구체화하는 길이다. 이 길을 통해 시인은 자기 자신을 더 깊이 이해하고, 자신의 내면세계를 발현시킨다. 이는 '자기 존재를 아는 것'을 위한 중요한 소통의 방법이다. 플라톤의 '자기 자신을 알라'는 명령처럼, 시인은 시를 통해 자신을 형상화하고 표현함으로써 내면의 진리를 추구하게 된다. 시는 단순한 언어의 집합체가 아니라, 시인의 마음속 세계가 실체화된 '결정체'로 기능한다. 이는 마치 '예술적 자아'가 하나의 초월적 형태로 변형되는 순간이 아닐 수 없다. 결국 시인은 시를 통해 자신의 마음속 공간을 채우고, 그 안에 숨겨진 감정의 보석을 빚어낸다.

정다정 시인은 평생을 시인의 길을 걸어온 시의 마스터다. 이번 시집 『침묵의 난간에 서서』는 인생의 방향을 제시하는 희망의 북극성이다. 그 희망은 밝고 환한 메시아처럼 인생의 좌표를 제시하고 용기를 던져준다. 어두운 밤일수록 그 빛은 더욱 빛으로 발산하고 있다.

### 2. 고립된 자아와의 만남, 존재와의 합일

"모든 존재가 상호작용을 하며 변화하고 발전하는 과정 속에서 진리와 의미를 깨닫는다."

인용된 것은 헤겔이 남긴 말이다. 매미는 '생성-성장-소멸'의 순환적 과정을 누구보다 먼저 깨닫고 살아가는 존재다. 매미의 삶 역시 탈고립화(탈고립된 자아와의 만남, 존재와의 합일)를 목표로 한 존재의 한 과정이다. 매미는 땅속에서 기나긴 유충의 시간을 통해 자아를 인식하고, 그 자아를 깨닫기 위해 준비를 수없이 한다. 이 시간 동안 매미는 외부와의 관계를 차단하고, 자신만의 내면세계에서 에너지를 축적한다. 이는 니체의 '스스로 강화를 위한 고독'과 맥을 같이 한다. 고독이 단순한 고립이 아니라 자기 자신을 발견하는 중요한 시간임을 암시한다. 매미가 땅속에서 보낸 수년간의 시간을 통해 자신의 존재적 자각을 이루고, 그것이 성충으로서 완성된 "득음"을 가능하게 하는 원동력이 되는 것이다. 매미의 득음은 그 존재의 궁극적인 발현이다. 성충이 되어 허물을 벗고, 황금빛 날개를 펼치며 구애의 노래를 울리는 과정은 삶의 정수를 드러내는 순간이다. 득음은 그저 소리의 발산이 아니다. 그것은 자신의 존재를 최대한으로 발현하며, 존재가 그 본질을 세상에 드러내는 중요한 순간이다. 이와 같은 발현은 하이데거의 '존재의 드러남'과 연결된다. 하이데거는 존재가 자신을 드러낼 때, 그것이 바로 초월적 존재로 각인되고 확인되는 순간임을 강조했다. 매미가 내는 소리는 단순한 소리가 아니라 득음의 경지에 도달한 고유한 소리다. 매미가 자신의 존재적 의미를 음악처럼 퍼뜨리는 과정은 자아의 완성에 가까운 행위로, 고독 속에서 쌓은 모든 에너지를 외부로 발산하며 세상과 소통하는 비극적 초월의 방식이다. 이는 자아실현의 중요한 순간으로, 매미가 자신을 넘어 세상과의 일체감을 느끼는 지점이다. 매미는 7년에서 17년 동안 땅속에서 고독하게 지낸다. 이 고독의 시간이 매미에게 무엇을 의미하는지, 그것은 철학적으로 중요한 질문을 던진다. 고독은 시간 속에 존재하는 유한성을 인식하게 해주는 경로이기 때문이다. 매미는 그 긴 시간 동안 땅속에서 변화를 준비하고, 결국 자기 자신을 완성해 나가는 과정을 겪는다. 이는 존재의 유한성과 시간의 흐름을 깨닫는 과정으로, 매미의 삶은 시간과 존재의 관계를 철학적으로 성찰하는 데 큰 의미가 있다. 매미의 존재는 그 자체로 유한함을 자각하는 존재로서, 인간에게 삶과 죽음에 대한 깊은 질문을 던지게 만든다. 매미가 짝짓기 후 죽고, 그 존재가 다음 세대의 삶에 영향을 미친다는 점에서, 매미의 삶은 순환적 존재론을 반영한다. 매미의 짝짓기 과정에서 처절하고 피터지는 구애는 사랑과 죽음의 상징적 결합을 드러낸다. 매미는 자신의 존재를 외부에 발산하는 한편, 그 발산이 곧 죽음을 맞이하는 순간을 의미한다. 매미의 사랑은 단지 생물학적 욕망을 넘어, 자기 존재를 완성하는 과정으로서의 의미를 지닌다. 구애의 노래는 자아의 발현이자, 존재의 마지막 고백처럼 비유할 수 있다. 매미의 삶은 그 자체로 존재론적 성찰을 불러일으킨다.

정다정 시집 『침묵의 난간에 서서』는 침묵의 소리를 통해 존재의 의미를 되새기고, 고독 속에서 자기 자신을 완성해 가는 과정의 중요성을 깨닫게 만든다. 그 소리, 그 침묵, 그 고독의 순간은 모두 존재의 진실을 밝혀내는 중요한 화두로 작용한다.

누구나 좋아하는 국악인, 트로트 가수, 성악가가 있다. 이들의 공통점은 소리의 대가들이란 점이다. 사람의 마음을 사로잡을 수 있다는 것 자체는 그만큼 득음의 단계를 초월한 존재로 볼 수 있다.

특히 정다정 시집 『침묵의 난간에 서서』는 한계상황을 극복하고 있는 침묵의 소리로 육화시킨 득음의 노래다. 이 시대에 따스한 휴머니티를 꽃피게 만드는 고독의 결정판이다.
시인의 고독은 그 깊이가 장중하다.「기피할 수 없는 고독감」을 통해 확인해 본다.

> 꽃의 분량은 얼마나 되는지
> 거기에 따르는 모든 조건을 내세워
> 힘의 질량을 가늠할 수 있는 백배 무효한
> 대결을 겨룰 수 있는 방법이 여기에 있다
> 꽃피는 아름다운 시절 힘에 겨운 짐을 짊어지고
> 끝까지 가야 하는 의무감에 사로잡혀 마음이 무겁다
> 힘겨운 씨름 기틀이 마련돼 있지 않은 이때가
> 어렵게만 보이는 이 시절 새가 울고 나비가 나는
> 숲속 그늘에서 육신을 풀어놓고 힘겨운 놀이 전쟁에
> 매진하다 보면 신발이 어디로 갔는지 머리칼이 흐트러
> 졌는지 알 수 없는 기로에서 허덕이다 잠이 든다
> 꽃구경 가다 도랑에 빠져 넘어지고 또 일어나 걸어도
> 절뚝거리는 다리는 일정한데 마음은 넓은 하늘을 날아
> 고개 넘어 간다 마음과 몸이 일치 못 하면 몸은 부실하게
> 되고 마음만 남는다 마음은 못할 것이 있는가
> 무슨 일이든 마음먹기에 달렸다는데

내 한 마음 다짐하면 못 할 것이 없다
지금부터 뛰자 달리자 고개 넘어 질주하자
목적지에 도달하면 각자가 희망을 품고 골고루 누구 하나
소외당하지 않게 합심하여 꼭꼭 묶어 하나가 되자
가지런히 놓여 있는 신발들, 햇살이 비쳐 광채가 나게
힘을 합하여 전진하자 돌진하자 끝까지 전력질주 하자

—「기피할 수 없는 고독감」 전문

  고독은 단순한 외로움이나 회피할 수 없는 감정이 아니라, 인간 존재의 중요한 일부로 다루어진다. 고독은 그 자체로 존재의 진실을 탐구하게 하는 강력한 동력이기도 하다. 시인은 '기피할 수 없는 고독감'을 깊이 성찰하면서, 고독이 인간 존재의 본질을 더욱 명확하게 드러내는 힘을 가진 감정임을 깨닫는다. 고독의 존재인 인간은 본질적으로 혼자이며, 그 고독 속에서 진정한 자아를 찾고, 삶의 의미를 되새기는 과정이 필요하다. 고독감은 시인이 표현하는 바와 같이, 극복해야 할 감정이자, 그 고독을 이겨내기 위한 힘의 출발점이다. 고독을 마주하는 순간, 인간은 진정한 연대와 협력의 필요성을 인식하고 있다. 고독을 극복하기 위해서는 혼자의 힘을 넘어서, 상호 협력과 연대가 중요하다는 것을 시인은 강조한다. 여기서 시인은 고독 속에서만이 아니라, 다른 존재와의 결합을 통해 삶의 진정성과 목적을 찾으려는 의지를 표출한다. '힘을 합하여 전진하고 돌진하자'는 구절은 행동의 필요성을 강조하는 메시지다. 고독을 느끼고 그것을 극복하는 과정에서 우리는 자기만의 힘을 넘어서 연대와 협력의 힘을 통해 전진해

야 한다는 것을 인식하고 있다. 또한 에피쿠로스학파가 말하는 '우리는 함께 있을 때 가장 큰 힘을 발휘한다'는 원리와 그 맥이 상통한다. 시인은 고독을 이겨낸 후, 다시 삶을 향한 전력 질주를 통해 자신의 존재를 완전히 펼쳐야 한다고 진술한다. 목표를 향한 끝없는 헌신과, 그것을 통해 인간 존재의 진정성을 확립하려는 강한 의지를 담고 있다.

시인은 침묵의 그물을 펼친다. 「침묵의 난간에 서서」에서 확인할 수 있다.

> 침묵의 난간에 서서 움직이는 그림자들
> 피어날 수 없는 길이기에
> 산뜻한 모자 눌러쓰고 꽃피는 사계절을 둘러본다
> 가고 싶어도 가지 못하는 것이 고향인데
> 잠자코 서서만 느껴보는 고향의 향수
> 남김없이 훌쩍 마셔도 쏟아지는
> 고향의 샘물 흘러버릴 수 없어 나그네 설움처럼
> 간직하고 쏟아버리고 그 자리에서 도망쳐 나와도
> 여운은 계속되고 나팔꽃처럼 활짝 핀
> 서랍 문을 열면 고이 간직한 추억들이 쏟아져 나와
> 내 언 몸을 감고 돈다
>
> 버릴 것은 버리고 남는 것은 그대로 남아
> 훗날 달빛 어린 밤, 쓸쓸함이 추억을 남길 때
> 외로움이 몸을 감고 돌 때 하염없이 쏟아지는 눈물
> 내 주위가 잿빛으로 물들 때 나는 조용히 눈을 감고
> 명상에 몰두한다

피할 수 없는 사연 앞에 할 말을 잃고 서성일 때
　　문득 떠오르는 유년의 기억 한 토막 가슴에 담고
　　여기까지 왔다 버릴 수 없는 황금알 같은
　　소중한 것이기에 심신의 고단함 마음속에 묻어버리고
　　태연한 자세로, 한 걸음 한 걸음 부담 없이
　　내일의 날씨를 탐문해 본다

―「침묵의 난간에 서서」 전문

　시인은 침묵을 중요한 주제로 삼고, 그것을 통해 자기 성찰, 존재의 의미, 그리고 시간과 내일에 대한 사유를 이어간다. 시인의 사유는 외부의 소음과 혼잡함을 벗어나, 침묵 속에서 자기 자신 내면과 조우하는 과정을 그려낸다. 여기서 '침묵'은 단지 물리적 소리의 부재(不在)를 의미하는 것이 아니라, 더 깊은 내면의 고요함과 존재의 자각을 구현한다. 침묵은 자기 성찰의 공간이며, 시인이 자신을 바라보며 사유하는 발원지가 된다. 존재에 대해 성찰할 때, 언어가 아니라 침묵 속에서 진정한 의미를 찾을 수 있다. 시인은 침묵의 소리를 통해 세상의 잡음을 넘어, 자신과 존재의 의미를 각성한다. '여기까지 왔다 버릴 수 없는 황금알 같은 / 소중한 것이기에'라는 시적 진술은 시인이 고백하는 자기 존재의 가치를 상징한다. 그것을 통해 '버릴 수 없는 소중한 것'으로 인식하는 순간을 맞이한다. 마르셀 프루스트가 말한 '시간과 기억의 소중함'을 떠올리게 한다. 시간이 지나면서 잊히기 쉬운 것들이나 소중한 순간들을 되새기며 그것들이 삶에서 얼마나 중요한지를 인식하고 있다. 시인은 내일을 '탐문'하면서 시간의 흐름 속에서 자신의 존재가 어떻게 변하고 있는지 점검한다. 침묵의 난간에서 시간을 넘어서 존재의 진정성에 다가가고, 내일을 예측하는 것이 아니라 현재의 의미를 고요하게 바라보며 진정한 사유를 담담하게 펼치고 있다.

시인은 자신만의 외로움을 치장한다.「외로움을 접착제로 바르고」를 통해 확인할 수 있다.

> 외로움을 접착제로 바르고
> 난데없이 밀착해 오는
> 너의 부질없는 생각이
> 하필 오늘 나를 괴롭히는가
> 갈 데까지 가 보는
> 쓸데없는 귓속말처럼 느껴지는
> 말들이 지금 아무리 생각해 봐도
> 고달픈 사연에 불과하다
> 고요히 흐르는 저 맑은 물이
> 살며시 다가와 나를 흔든다 한들
> 이미 지나간 궁금증이 몇 번 궁글다
> 되돌아 내 마음을 흔든들
> 짙게 굳어진 내 심장이 푸른색이 되어
> 나를 용서할까 보살펴 줄까
>
> 천지간에 굳어진 마음 붙들고
> 용서를 비는 객이 또 어디 있을까
> 고독을 안고 달려가는 저 세월아
> 발바닥이 다 닳도록 달려가지만

침체된 수많은 여운을 어찌할 수 없어
가다가 숨차면 길가에 부려놓고
여유를 즐길 수 있는 기회도 필요할 것 같다
아 강가에 서 있는 나그네여
하필 오늘 너와 내가 중첩이 되어
돌이킬 수 없는 이 자리를 붙들고 있다
돌파하고 싶다 지금 당장이라도
단숨에 달려가 끈을 잡고 늘어지고 싶다
이 못된 욕망이 스스로 풀어져
하늘에 닿을 때까지

—「외로움을 접착제로 바르고」 전문

시인은 외로움을 그저 스쳐 지나가는 감정이 아니라, 하나의 '행위'임을 제시한다. 접착제는 본래 무언가를 단단하게 붙이고, 떼어낼 수 없게 만드는 물질이다. '외로움을 접착제로 바른다'라는 시적 표현은 시인이 느끼는 외로움이 그만큼 자신에게 깊이 뿌리내리고, 떼어내기 어렵다는 인식을 나타낸다. 외로움은 그 자체로 존재의 일부로 받아들여지며, 시인은 이를 단순히 겪고 있는 감정이 아니라, 그것을 '붙여놓은' 상태로 보고 있다. 인간이 '존재'의 근본적인 의미를 이해하려면, 반드시 고독과 마주해야 한다. 시인은 외로움을 접착제로 바르는 행위를 통해, 자기 존재를 완전히 경험하고, 그것과 결합한 채로 현실을 바라보려는 시적 의지를 피력한다. 외로움이 단순히 고통스러운 감정이 아닌, 자기 존재의 진지한 실체로 인식되는 순간이 바로 자신을 이기는 과정이다. 특히 '이 못된 욕망이 스스로 풀어져 / 하늘에 닿을 때까지' 붙잡고 싶다는 것은 욕망과 의지가 충돌하는 지점을 말한다. 시인은 외로움을 접착제로 바른 뒤, 그것을 하늘에 닿을 정도로 강력한 욕망으로 전환하며, 자기 내면의 한계를 뛰어넘고 싶어 하는 강한 충동을 표출한다. 이 욕망은 단순히 외로움에서 벗어나고자 하는 것뿐만 아니라, 그 외로움을 극복하는 데 있어 자신의 존재를 완전히 발산하려는 의지로 볼 수 있다. 인간이 자신의 한계상황을 인식하고, 그것을 극복할 때 강력한 '힘의 의지'가 생겨난다. 시인은 외로움을 통해 자신이 처한 고독과 벽을 넘어, 그 고통을 에너지원으로 삼아 더욱 강하게 존재하고자 하는 욕망을 자아낸다. 시인은 외로움을 자신의 일부로 받아들이고, 그것을 자기 존재의 변화를 위한 자극으로 삼으며, 인간 존재의 자유와 자율성을 향한 강한 갈망을 노래하고 있다.

시인은 고요의 단상을 풀어놓는다. 「온 우주가 쥐 죽은 듯 조용하다」에서 확인할 수 있다.

> 잘 때 잠자는 꿈의 공간에서 잠들고 싶다
> 거역할 수 없는 일들이 주위를 맴돌다 사라질지라도
> 하고 싶은 일은 하고야 마는 성격 때문에 망설이는 일이
> 많다 수줍음을 무릅쓰고 피나는 노력으로 결과를 맺는
> 모든 원인과 이유를 한데 뭉쳐 진열해 놓고
> 이리저리 둘러보지만 뚜렷한 결과는 없고
> 역겨운 사연들만 전시되어 있다
> 어느 하나를 골라도 마음의 충족을 채울 수 없는
> 상황에서 만족된 결과를 바랄 수는 없다

새롭게 피어나는 새싹들이 옹기종기 모여서 이마 맞대고
속삭이는 소리가 들려 귀를 기울여 본다
달콤한 말들이 뉘우침도 없이 쏟아지고
감미롭게 속삭이는 끈질긴 설득에 한 걸음 뒷걸음쳐
물러나고 나면 마음의 평화를 찾는다
쉴 시간 없이 조잘거리는 저 참새떼들의 수다가 불을
밝혀 숲속이 환해지고 거리낌 없는 자연의 역사가
시작되는 아침이 오면 소란 했던 어둠은 자취를
감추고 온 우주가 쥐 죽은 듯 조용해진다

―「온 우주가 쥐 죽은 듯 조용하다」 전문

  시인은 일상생활 속에서 고요와 침묵의 순간을 포획하며, 그 속에서 인간 존재와 자연의 깊은 관계를 진단하고 있다. 자연의 리듬과 내면의 평화를 연결하는 동시에, 인간의 감정과 생각이 고요함에 의해 어떻게 치유될 수 있는지를 보여주고 있다. 존재적 자각에서 비롯된 철학적 사유가 마침내 '온 우주가 쥐 죽은 듯 조용해진다'로 귀결되면서 고요는 작품의 중요한 테마로 자리 잡게 된다. 우주와 자연이 하나의 네트워크로 연결된 상태에서 일어나는 평화를 암시한다. 시인은 일상적이고 무질서한 소음에서 벗어나, 자기 내면의 세계를 직시하며 고요를 되찾는다. 시인은 여러 자연적 소리들, 예를 들어 참새들의 수다나 자연의 역사가 시작되는 아침 등을 언급하며, 그 소리가 어떤 방식으로 고요를 형성하는지를 보여준다. 참새들의 소리가 불을 밝히고 숲속을 환하게 만드는 순간을 외부 세계의 소리가 단순히 소란스럽기만 한 게 아니라, 그것이 자연 일부로서 질서와 평화를 이루고 있음에 주목해 본다. 자연의 소리가 시인의 감성을 치유하고, 인간이 자연과 조화를 이루는 촉매제로 작동하면서 내면의 소리를 찾게 만든다. 시인은 고요 속에서 내면의 평화를 찾는 시적 여정을 통해, 인간이 자연 속 일부로서 조화를 이루어야 한다는 메시지를 전한다. 이것은 존재적 인간의 내적 평화와 자연과의 일체감을 강조하며, 이는 자연과 인간의 융합을 의미한다. 더 나아가 자연과의 합일(合一)을 통해 내면의 고요와 평화를 이루어 나가고, 자연의 고요 속에서 존재의 진정성을 발견한다. 이 고요는 물아일체(物我一體)의 순간이자, 자아와 세계의 완전한 조화를 뜻한다. 시인은 자연 속에서 고요를 통해 자기 존재의 진정성을 깨닫고, 그 속에서 인간 본연의 정체성을 회복하고 있다.

시인은 공간 확보를 통해 재충전의 시간을 창조한다. 「내 공간을 만들자」를 통해 확인해 본다.

> 흐르는 공간을 버릴 수 없어
> 달빛 어린 밤, 떠날 수 없는 길을 떠나
> 어느 부둣가에 머무는데 느닷없는
> 휘파람 소리에 눈을 크게 뜨고 주위를 살핀다
> 갈 수 없는 그곳에 가고 싶다
> 항상 울렁대던 바람은 간 곳이 없고
> 모닥불처럼 피어오르는 갈대꽃들만 피어
> 주위의 환경만 끌어모으는데
> 나는 오늘도 쓸데없는 구상만 피워 올려
> 발자국은 후퇴하고 있다

내일이면 희망이 솟아오르겠지
안절부절 발버둥 쳐 보지만 묘안은 없다
없는 길을 가는 것도 하나의 모험이다
색다른 길을 찾아 하루 종일 헤매다
집에 와보니 집은 영원한 내 안식처다
오래 머무를 수 있는 공간이 있어 이렇게
마음이 편한데 난데없는 잡음들이 쳐들어와
마음의 안식처를 훼방 놓는다
갈 수 없으면 가지 말자 적당한 곳에
짐을 풀고 내 공간을 만들자
내일의 휴식을 위해

―「내 공간을 만들자」 전문

시인은 자기만의 공간을 창조하는 시적 행위를 통해 삶의 재충전과 내면의 만족을 동시에 구현하고 있다. 시인은 물리적 공간뿐만 아니라 심리적, 정서적 공간을 만들며, 이를 통해 자기 성찰과 내일의 휴식을 갈구한다. 이것은 단순히 외부 환경에 의존하지 않고, 자신만의 영역을 형성하는 중요한 거점에서, 시시포스(Sisyphus)의 고독한 행군을 연상시키며, 자기만의 강한 의지를 클로즈업시키고 있는 도전의 산물이다. 시인의 여정은 떠날 수 없는 길을 떠나는 것으로 시작된다. 부둣가에서 휘파람 소리를 듣고, 갈 수 없는 그곳에 가고 싶은 갈망을 품지만, 결국 시인은 적당한 곳에 짐을 풀고 자신의 공간을 만든다. 이것은 외부 세계가 제공하는 기회나 목적지가 아니라, 자기만의 공간을 확보하고 해결하려는 자기 인식의 틀이다. 재충전의 시간을 가지려는 시인의 시적 의도는 내면의 에너지를 다시 채우고자 하는 자연스러운 인간의 욕구이다. 일상에서의 과중한 업무와 사회적 기대에서 벗어나 자기 자신에게 집중하는 순간이 '내 공간'을 만드는 고요한 휴식인 셈이다. 시인은 우리 자신의 존재를 자유롭게 선택하고 정의해야 함을 역설한다. 시인에게 있어 '자기 공간 만들기'는 곧 자기 자신을 이해하고, 외부의 압박에서 벗어나 독립적인 존재로서 홀로 서는 것임을 상징한다.

  시인은 인간 고뇌의 자화상을 극복하는 초월적 청사진을 제시한다. 「기회를 꼭 붙잡고」을 통해 확인할 수 있다.

    현실 목적 달성의 구김살 없는 표현이
    이 시대 환경 표현에 어울릴지 모르지만
    끝까지 몰고 가는 지구력에 합당할지 모른다
    하지만 모든 환경은 꾸미는 대로 어울리고 진열하는
    대로 꾸며져 일상생활에 보람 있는 도구가 된다
    휘어지도록 허리가 아파 오늘은 도저히 견딜 수가 없어
    자연에 굴복하고 마는 서투른 모습을 보여줄 수가 없어
    역경을 무릅쓰고 용기 있는 발자국을 남기기 위해
    용감한 투사가 되기로 마음먹었다
    나를 따르라 따르는 자에게 기회가 있다
    따르다 보면 기회가 올 것이니 편안한 마음으로
    솔선수범해서 실천하면 앞으로 광영의 날이 비쳐질 것이다
    질주하자 질주하면 바른길이 보일 것이다
    이 올바른 길을 꼭 붙잡고 달리자 달리다 보면
    영광된 앞날이 화관을 쓰고 달려올 것이다

이 좋은 행운을 붙잡고 놓지 말자

집 속에 들어가 무덤의 꽃을 피우고
편안하게 누워 야광의 등불을 밝히고 있다
편안해서 좋다 달빛처럼 밝은 형광등이 내 등을 밝히고
거기에서 흘러나오는 불빛이 우주를 밝히고 있어
만사는 편안하다 밝힐 수만 있다면 밝혀
내 안의 어둠을 대낮처럼 밝혀 거기에서 새어 나오는
불빛이 어둠을 타고 강물처럼 흘러 흘러 마을을 이루게
되면 또 하나의 새로운 마을이 들어설 것이다
곰처럼 순박한 마을 사람들은 익숙한 습관을 버리지
못하고 한 발자국 한 발자국 나아지는 평화로운 습성에
물들 것이다
광활한 벌판에 모닥불처럼 피어오르는
알뜰살뜰한 삶이 공간을 이루고 불빛이 흘러나오는
삶의 한복판에 용광로 같은 불빛이 비쳐질 것이다

―「기회를 꼭 붙잡고」전문

  기회의 의미를 가장 적절하고 간절하게 표현한 말을 찾는다면 법정 스님의 일기일회(一記一會)로 볼 수 있다. 여기서 일기일회는 '오늘이 마지막인 듯 살아라'라는 강인한 메시지를 전한다. '오늘의 만남', '오늘의 사건', '오늘의 경험'이 '단 한 번의 기회'라는 철학적 인식을 함축하고 있다. 이는 기회가 매 순간 주어지며, 그 기회는 '현재를 어떻게 살아가느냐?'에 따라 달려 있다는 관점과 일맥상통한다. 기회는 단순히 외부에서 주어지는 사건이나 상황이 아니라, '지금의 이 순간을 어떻게 대처하고 행동하느냐?'에 따라 그 의미가 결정된다. 시인은 법정 스님의 일기(一記)를 새롭게 자기 빛깔의 언어로 노래하고 있다. 일기는 현재를 온전히 살아가는 과정이자, 그 매 순간을 붙잡는 일이다. 기회를 놓치지 않기 위한 실천적 자세를 주문하고 있다. 기회는 늘 주어지지 않으며, 그 기회를 잡을 수 있는 일회(一會)의 순간은 '오직, 지금, 이 순간'임을 인식해서, 집중하고 충실할 때 비로소 실현될 수 있음을 노래하고 있다. 더불어 시인은 매 순간을 기회의 순간으로 인식한다. 일기일회의 자각을 통해 인간의 고뇌와 고통을 넘어서는 용기와 의지, 그리고 실천을 통한 자기 승리를 암시하고 있다. 마침내 정다정 시인은 기회를 붙잡기 위한 적극적인 자세와 자기 변화의 태도, 매일의 준비와 실천에 달려 있음을 제시한다. 기회는 예측할 수 없고, 언제 찾아올지 모른다. 그러나 그 기회를 잡을 준비가 되어 있는 사람에게는 그 기회가 주어지는 의미와 가치를 온전히 경험할 수 있다. 정다정 시인에게 기회는 결국 준비된 자의 몫이며, 그것을 의미 있게 만들 때 비로소 존재하게 됨을 보여주고 있다. 시인은 '오늘을 사는 것'이 내일을 위한 기회를 만드는 과정임을 인식한다. 기회는 외부 세계의 거창한 사건이나 기회가 아니라, 매일의 강한 의지의 실천과 삶의 한복판에서 얻는 내면의 변화를 뜻한다.

시인은 어두운 우리 시대를 밝히는 밤하늘의 빛나는 별이다. 별이 없으면 세상의 희망도 사라진다. 그 희망의 메시지는 별빛이다. 그 별빛은 정다정 시인의 메시지다. 정다정 시인은 영혼의 명의(名醫)다. 방황하는 우리 시대 길잃은 영혼들을 위한 구원의 메신저다. 죽은 시인의 사회는 따뜻함이 상실되고 거세된 빙하기의 세상이다. 그러나 시인이 존재하는 사회는 따뜻함이 묻어나는 희망의 봄을 잉태한 이상향이다. 정다정 시인의 시집 『침묵의 난간에 서서』는 희망을 품고 있는 봄이 아닐 수 없다. 정다정 시인은 현대판 시선(詩仙)으로 명명할 수 있다. 언어의 고수가 터득한 득음의 완결판을 선보이고 있으며, 섬세하고 단아한 시인의 진면목을 한국 문단사에 펼치는 그날까지 쉬지 않고 열정 꽃 피우기를 바란다.

"이 시집은 우리 시대 희망을 노래한 봄의 판타지이다. 절정에 다다른 침묵의 판을 돌리고 있다. 봄의 뼈대를 세워놓고 서정의 집 한 채를 쌓아 올리고 있다."

문학세계대표작가선 1039

# 침묵의 난간에 서서

정다정 시집

인쇄 1판 1쇄   2025년 2월 10일
발행 1판 1쇄   2025년 2월 17일

지 은 이 : 정다정
펴 낸 이 : 김천우
펴 낸 곳 : **문학세계** 출판부 / 도서출판 **천우**
등   록 : 1992. 2. 15. 제1-1307호
주   소 : 서울시 광진구 구의강변로 85 강우빌딩 7F
전   화 : 02)2298-7661
팩   스 : 02)2298-7665
http://cafe.naver.com/chunwu777
E-mail : cw7661@naver.com

ⓒ 정다정, 2025.

값 15,000원

＊도서출판 천우와 저자의 서면 동의 없는 무단 전재 및 복제를 금합니다.
＊저자와의 협의에 따라 인지는 생략합니다.

ISBN 978-89-7954-948-5